EUROPAVERLAG

Katharina Ceming | Christa Spannbauer

Denken macht glücklich

Wie gutes Leben gelingt

EUROPAVERLAG

2. Auflage 2017

© 2016 Europa Verlag GmbH & Co. KG,
Berlin · München · Zürich · Wien
Umschlaggestaltung: © FAVORITBUERO, München
Layout & Satz: BuchHaus Robert Gigler, München
Druck und Bindung: Friedrich Pustet, Regensburg
ISBN 978-3-95890-049-3
Alle Rechte vorbehalten.

www.europa-verlag.com

INHALT

Ein Wort vorab 9

KAPITEL 1

»Erkenne dich selbst!«
INNEHALTEN UND BESINNEN

Bei sich selbst bleiben.
    Wieso wir nicht jedes Fass rollen müssen 16
Slow down! Auf der Suche nach der verlorenen Zeit 21
In aller Seelenruhe.
    Wie wir zur Gelassenheit finden 27
Die große Stille. Weshalb unsere stillsten Stunden
    oft die ereignisreichsten sind 33
Vom Wert der Besonnenheit. Weshalb es hilfreich ist,
    einen kühlen Kopf zu bewahren 39

KAPITEL 2

»Ich schöpfe aus meinen seelischen Vorräten«
DIE RESSOURCEN STÄRKEN

Selbstfürsorge. Von der Kunst, sich selbst zu lieben 46
Lustvoll leben! Wer nicht genießt,
   ist ungenießbar 52
Vom Lob der Freundschaft. Weshalb Freunde
   für unser Lebensglück so wichtig sind 57
Weniger ist mehr. Den geistigen Wohlstand
   vermehren 62
Die befreiende Kraft des Lachens. Weshalb Humor
   das Leben verzaubert 67
Denken hilft. Habe Mut dich deines eigenen
   Verstandes zu bedienen! 74
Wer mit dem Wolf tanzt. Die Natur als Kraftort 80

KAPITEL 3

»Ich erwache, um als Mensch zu wirken«
DAS LEBEN GESTALTEN

Das Glück liegt in deinen Händen!
   Worauf wir Einfluss nehmen können 88
Das Schicksal meistern. Wie wir eine positive
   Geisteshaltung einüben können 94
Alles hat seine Zeit. Die Gelegenheit beim
   Schopf packen 100

Helden des Alltags. Warum Mut gut tut   105
Vom Glück des Gebens. Warum Geiz nicht geil ist   111
Empathisch leben. Was du nicht willst,
    dass man dir tu'...   116
Vom rechten Maß. Wie wir die gesunde Mitte
    finden können   122
Der Wille zum Sinn. Für was es sich zu leben lohnt   127

KAPITEL 4

»Alles fließt!«
DAS LEBEN ANNEHMEN UND AUSKOSTEN

Keiner steigt zweimal in den gleichen Fluss.
    Weshalb Veränderung zum Leben gehört   136
Von der Leichtigkeit des Seins. Wie wir uns ein
    fröhliches Herz bewahren   142
Die Kunst des Müßiggangs. Weshalb Nichtstun keine
    Zeitvergeudung ist!   148
Den Horizont erweitern. Warum nichts so ist,
    wie es scheint   154
Carpe diem! Wie wir den Augenblick
    auskosten können   159
Memento mori! Weshalb es sich lohnt, den Tod
    ins Leben zu holen   164

Philosophisches Glossar   170

EIN WORT VORAB

Denken macht glücklich. Diese These mag durchaus provokant klingen in einer Zeit, in der viele Menschen davon überzeugt sind, dass genau das Gegenteil der Fall ist, nämlich dass das Denken die Ursache für unser Unglück sei. »Wie schön wäre es, wenn ich endlich mal nichts mehr denken müsste«, seufzen viele, während sie auf dem Meditationskissen sitzen oder im Wellnesspool floaten. Die Zeit des großen Fühlens und Empfindens ist angesagt. Dagegen ist von unserer Seite aus auch gar nichts einzuwenden. Auch wir sind davon überzeugt, dass die Voraussetzung eines guten Lebens darin besteht, den Augenblick intensiv wahrnehmen und auskosten zu können. Wovon wir jedoch auch überzeugt sind, ist, dass das Denken uns darin entscheidend unterstützen kann und dass der weit verbreiteten Skepsis dem Denken gegenüber ein grundlegender Denkfehler zugrunde liegt. Denn nicht das Denken an sich ist es, das uns unglücklich macht, sondern es ist der Inhalt unserer Gedanken. Bereits der antike Philosoph Epiktet machte dies mit seinen Worten deutlich: »Nicht die Dinge selbst beunruhigen die Menschen, sondern ihre Meinung und Urteile über die Dinge.« Es sind also unsere negativen Gedanken, unser Grübeln, unsere Sorgen, die uns das Leben so schwer machen. Wäre es daher nicht an der Zeit, uns in einem Denken zu schulen, das ein gutes und gelingendes Leben fördert?

Wer könnte uns auf diese Fragen besser Auskunft geben als die Liebhaber der Weisheit? Denn nichts anderes ist sie ja, die *Philo-sophie*, als die *Liebe zur Weisheit*. Wir haben daher einige der großen Denker aus West und Ost in dieses Buch eingeladen, um gemeinsam mit uns über grundlegende Fragen des Lebens zu philosophieren. Fühlen Sie sich eingeladen, es sich mit diesem Buch gemütlich zu machen und mit uns an diesem Erfahrungsaustausch teilzunehmen. Lassen Sie Ihren Geist inspirieren und die Seele baumeln. Philosophieren muss nicht anstrengend sein. Stellen Sie sich ein Gespräch unter Freunden an einem schönen Sommertag vor. Sie werden feststellen, wie belebend und bereichernd, wie leicht und lustvoll die Philosophie sein kann.

Dass Sie in unserem Buch so viele antike Denker antreffen, hat den Grund vor allem darin, dass die Lebenskunst ein zentrales Thema der klassischen griechischen Philosophie war. Man könnte fast Epikurs Ausspruch »Leer ist die Rede jedes Philosophen, durch die keine menschliche Leidenschaft geheilt wird« zum Motto antiken Denkens machen. Es war von jeher erklärtes Ziel der antiken Philosophen, eine positive Geisteshaltung einzuüben. Große Denker der Neuzeit führten diese Idee konsequent weiter: »Wage es, weise zu sein!«, »Habe den Mut, dich deines eigenen Verstandes zu bedienen!«. Bereits in der griechischen Antike war bekannt, dass wir unseren Geist ebenso wie unsere Muskeln trainieren und damit eine positive Geisteshaltung kultivieren können. Nichts anderes lehren uns heute die positive Psychologie und die Hirnforschung. Letztere spricht in diesem Zusammenhang von der Neuroplastizität, also der Formbarkeit des Gehirns. Das heißt, wir können unsere Denkgewohnheiten und Denkmuster gezielt verändern. Philosophen stellten den Menschen hierfür von jeher das Handwerkszeug zur Verfügung: geistige Selbsterbauung, lebenspraktische Unterweisungen und die Einübung guter Gewohnheiten. Dass die Philosophie uns zu einem glücklicheren Leben verhelfen kann, davon war bereits Sokrates überzeugt. Denn wer sich selbst erkennt, kann sich verändern. Und wer sich verändern kann, der kann sich auch neue Gewohnheiten im Denken, Fühlen und Verhalten aneignen.

Die Impulse, die wir Ihnen in unserem Buch geben, haben alle einen Vorteil: Sie sind weitgehend unabhängig von äußeren Faktoren. Es sind Haltungen, die wir selbst kultivieren und pflegen können, und die dazu beitragen, dass wir unser Leben mit all seinen Höhen und Tiefen wertschätzen lernen. Wer jedoch glaubt, ein gutes Leben bestehe nur aus einer Aneinanderreihung von angenehmen Erlebnissen, Erfahrungen oder Gefühlen, gräbt sich gleich die erste Grube auf dem Weg zu einem gelingenden Leben. Denn dieses hat aus Sicht der Weisen seinen Prüfstein in Krisen. Wie wir mit diesen umgehen, entscheidet letztlich über die Qualität unseres Lebens, das weit weniger von äußeren Indikatoren bestimmt wird als vielmehr davon, wie wir es selbst wahrnehmen und empfinden.

Das höchste Glück, so betont Aristoteles, besteht nicht vorrangig in angenehmen Gefühlen, sondern erwächst daraus, dass wir das Beste unseres Wesens zur Erfüllung bringen. Das beinhaltet, unsere Tugenden zu stärken und unsere Haltung gegenüber dem Leben. Das gute Leben hat somit immer auch eine politische und soziale Dimension. Es führt in ein sinnvolles Leben. Wir suchen in diesem Buch daher gezielt nach Antworten darauf, wie die Philosophie uns darin unterstützen kann, zu mehr Seelenruhe, Freude und Gelassenheit im täglichen Leben zu finden. Und wie sie Tugenden wie Mut, Mitgefühl und Humor stärken und damit zur Herzensbildung und Weisheit beitragen kann.

Was alle von uns ausgewählten Philosophen auszeichnet, ist ihr zeitloses Denken und ihr offener Geist. Sie sind für unser heutiges Leben, ganz gleich wie alt sie auch sein mögen, von erstaunlicher Aktualität. Ihre Gedanken sind weder abgehoben noch abstrakt, sondern konkret, alltagstauglich und von tiefer Lebensweisheit. Jedes Kapitel enthält daher Anregungen und Inspirationen für den Alltag und Fragen zur eigenen Lebensreflexion. In diesem Sinne wünschen wir Ihnen, liebe Leserinnen und Leser, ein gelingendes Leben.

Katharina Ceming und Christa Spannbauer,
im August 2016

KAPITEL 1

»ERKENNE DICH SELBST!«

(Orakel von Delphi)

INNEHALTEN UND BESINNEN

Bei sich selbst bleiben
Wieso wir nicht jedes Fass rollen müssen

Von dem berühmten griechischen Philosophen Diogenes von Sinope wird eine aufschlussreiche Anekdote überliefert. Diogenes war der Philosoph, der in einem Fass lebte und dem großen Griechenkönig Alexander auf seine Frage, was er, Alexander, für Diogenes tun könne, nur lapidar geantwortet haben soll: »Geh mir aus der Sonne!« Die Geschichte berichtet, dass die Bewohner der Stadt Korinth wie immer in hektischer Betriebsamkeit ihren alltäglichen Beschäftigungen nachgingen. Die einen brachten Waren auf den Markt, die anderen transportierten Sachen von einem Ort zum anderen, die nächsten eilten zum Gericht. Als Diogenes dies einige Zeit beobachtet hatte, begann er sein Fass, in dem er schlief, wild hin und her zu rollen. Als dies einer der Umstehenden bemerkte und ihn fragte, was dies zu bedeuten habe, antwortete der Philosoph: »Ich möchte nicht unter so vielen Tätigen als Nichtsnutz erscheinen.«

Was wie eine nette Anekdote von einem schon zu Lebzeiten als skurrilem Mann bezeichneten Philosophen erscheint, birgt etwas Tieferes, wenn es um die Frage vom Gelingen des guten Lebens geht. Diogenes hielt seinen Mitbürgern einen Spiegel vor. Im Gegensatz zu ihrem Tun war seine Tätigkeit bereits auf den ersten Blick als absurd zu erkennen. Dennoch war das, was die Korinther taten, so sinnvoll es auch erschien, für Diogenes ein eher bedeutungsloses Beschäftigungsprogramm. Sie wälzten auf einer anderen Ebene sinnlos Fässer hin und her.

> Wir alle wälzen Fässer durch die Gegend. Doch es lohnt sich, einmal genauer herauszufinden, wann und wie oft wir dies tun. Beobachten Sie einen Tag lang, welche Ihrer Tätigkeiten einem geschäftigen, doch vielleicht unnötigen Fässer-Wälzen gleichen.

Nun kann man berechtigterweise einwenden, dass die Korinther nur den ganz normalen Tätigkeiten nachgingen, die notwendig sind, um zu leben. Daran ist ja weder etwas Verwerfliches noch bietet es Grund, um sich darüber lustig zu machen. Dass sich die Korinther um das Überleben kümmerten, war für den Philosophen aus dem Fass auch sicherlich nicht der Kritikpunkt, sondern das, was sie für überlebenswichtig erachteten. Vor lauter geschäftiger Tätigkeit nahmen sich die Korinther nämlich nicht die Zeit, sich mit sich selbst und mit dem zu beschäftigen, was zu einem wahrhaft guten Leben führt. Diogenes war ein Mensch, der sich Zeit für sich nahm, weil er erkannte, dass er nur so dem Sinn seines eigenen Lebens näherkommen würde. Und er wusste, dass sich hinter all unserer Geschäftigkeit oftmals die Unfähigkeit verbirgt, mit sich selbst etwas anzufangen. Dieses Sich-selbst-Ausweichen kritisierte er immer wieder. Als ihm ein Mann einmal sagte, er tauge eben nicht fürs Philosophieren, entgegnete ihm Diogenes, weshalb er denn überhaupt noch lebe. Philosophie war für Diogenes die Beschäftigung, die den Menschen zum Nachdenken über sich und sein Handeln führte. Daher war sie in seinen Augen lebenswichtig.

> Was ist Ihnen wichtig? Welcher Gedanke kommt Ihnen hierzu als erster in den Sinn? Schreiben Sie ihn auf! Und hängen Sie ihn sich gut sichtbar an die Wand!

Wir leben in einer Gesellschaft, die das Tätigsein im Außen zu einer ihrer höchsten Maximen erhoben hat. Der Homo Faber, der tätige Mensch, war der Held der Moderne, denn er bewirkte Fortschritt, Wachstum und Entwicklung; zumindest glaubte man das lange. Auch wenn wir heute in vielen Bereichen erste Anzeichen eines Reflektierens über die Stimmigkeit dieses Denkens erkennen können, sind den meisten von uns diese Leistungsmaximen in Fleisch und Blut übergegangen. Etwas zu tun, unabhängig davon, ob es nötig oder unnötig, sinnvoll oder sinnlos ist, gilt vielen von uns wichtiger, als nichts zu tun. Wir rufen zwar nach Freizeit und Entspannung, doch wenn sie vor uns liegen, wissen wir plötzlich nicht mehr so recht, was wir damit anfangen sollen. Die Vorstellung, einfach einmal nichts zu tun und nur unseren Gedanken nachzuhängen, die Freizeit nicht generalstabsmäßig zu organisieren, um ein Optimum an Events darin unterzubringen, erschreckt uns förmlich.

Dies belegen psychologische Studien. In einer bat man Probanden, 10 bis 15 Minuten einfach nur ihren Gedanken nachzuhängen, ohne etwas Konkretes zu tun. Die meisten Teilnehmer gaben danach an, und zwar unabhängig davon, wie alt sie waren, dass sie diese Zeit des Nichtstuns als belastend empfunden hätten. Als die Forscher ihnen in einem zweiten Versuchsdurchgang die Möglichkeit einräumten, sich selbst kleine, aber schmerzhafte Stromschläge zu verabreichen, taten dies zwei Drittel der Männer und ein Viertel der Frauen, obwohl alle Beteiligten davor diese Möglichkeit kategorisch abgelehnt hatten.

Wir verletzen uns offenbar lieber, anstatt nichts zu tun. Wir sind nicht mehr dazu in der Lage, einem Tagtraum nachzuhängen. Für unser Gehirn ist diese Daueraktivität problematisch, da es genau diese Phasen des Tagträumens und vermeintlich sinnlosen Nichtstuns dringend benötigt. Es gibt im Gehirn eine eigene Region, die den Namen »Leerlauf-Netzwerk« bzw. »Default Network« trägt. Sie ist dann besonders aktiv, wenn wir nichts tun. In dieser Phase scheint sie eine Art Modell der Welt aufrechtzuerhalten, das schließlich in den aktiven Hirnphasen mit Informationen, die unsere Sinne liefern, abgeglichen wird. Wer sein Gehirn dauernd im Aktivitätsmodus hält, sei es beim Spielen mit dem Handy oder beim ununterbrochenen Surfen oder Chatten im Internet, verhindert, dass das Leerlauf-Netzwerk arbeiten kann.

Gibt es Zeiten, in denen Sie kein Handy bei sich tragen? Wie wäre es, wenn Sie sich jeden Tag ganz bewusst eine handyfreie Zeit schaffen würden? Vielleicht beim Spaziergang in der Natur, dem Treffen mit Freunden oder den täglichen Mahlzeiten?

Woher nur rührt unsere Angst vor der scheinbaren Beschäftigungslosigkeit, die uns nicht selten zu reichlich sinnlosen Aktivitäten verführt? Vermutlich daher, dass wir mit uns selbst nicht mehr viel anzufangen wissen. Wir haben verlernt, unseren eigenen inneren Ideenreichtum zu kultivieren und Phantasie und Begeisterung zu entwickeln. Der berühmte bayrische Kabarettist Karl Valentin brachte dieses Empfinden, das viele Menschen heute wohl zur Genüge kennen, in einem Satz auf den Punkt: »Heute in mich gegangen, auch nichts los!«

Und so beschäftigen wir uns lieber damit, Fässer durch die Gegend zu rollen, erlegen uns Zwänge auf, die wir für notwendige oder unverzichtbare Bestandteile unseres Daseins halten, sind immerzu beschäftigt, um nicht innehalten und feststellen zu müssen: keiner zu Hause. Doch wer zu seinem eigenen guten Leben finden möchte, sollte sich Zeit für sich nehmen. Und dies kann bedeuten, manche für absolut notwendig gehaltene Tätigkeit einfach mal sein zu lassen.

Literatur:
Georg Luck (Hrsg. & Übers.): *Die Weisheit der Hunde. Texte der antiken Kyniker.* Stuttgart 1997, Kröner Verlag

Slow down!
Auf der Suche nach der verlorenen Zeit

Erinnern Sie sich an die Geschichte von dem Mädchen Momo und den grauen Herren, die den Menschen die Zeit stahlen? Mit diesem Roman verfasste Michael Ende eine zeitlose Parabel über unseren konfliktbeladenen Umgang mit der Zeit. Eindrücklich schildert darin Momos alter Freund, der Straßenkehrer Beppo, unser Dilemma:

»Manchmal hat man eine sehr lange Straße vor sich. Man denkt, die ist so schrecklich lang; das kann man niemals schaffen, denkt man ... Und dann fängt man an, sich zu eilen. Und man eilt sich immer mehr. Jedes Mal, wenn man aufblickt, sieht man, dass es gar nicht weniger wird, was noch vor einem liegt. Und man strengt sich noch mehr an, man kriegt es mit der Angst, und zum Schluss ist man ganz außer Puste und kann nicht mehr. Und die Straße liegt immer noch vor einem.« (*Momo*, S. 38)

Was Beppo hier schildert, ist genau das, was uns die Leistungsgesellschaft ständig suggeriert: Wenn du diese Aufgabe noch schnell erledigst, wenn du dich jetzt noch mal so richtig anstrengst, dann kannst du es dir leisten, dich auszuruhen. Es ist genau diese »Wenn-Dann-Haltung«, mit der wir uns durchs Leben jagen. Mit ihr vertrösten wir uns immer wieder auf später, auch wenn unser Körper jetzt bereits nach einer Ruhepause lechzt. Völlig außer Atem versuchen wir stattdessen noch, das Tempo zu steigern. »Mach schneller«, rufen wir uns innerlich ungeduldig zu. Denn genau das haben wir als Kind zu hören bekommen. Und damit verbunden die vorwurfsvolle Frage: »Was trödelst du so herum?« Herumtrödeln wurde als Zeitverschwendung angesehen. Sich Zeit nehmen für die schönen Dinge des Lebens galt als Tagträumerei. Und das glauben wir heute immer noch.

> Wann saßen Sie zum letzten Mal auf einer Parkbank und blinzelten einfach nur gelassen in die Sonne? Lauschten den Vögeln, sahen Kindern beim Spielen zu, atmeten genüsslich den Duft der Bäume ein? Ohne in der Zeitung zu blättern, ohne das Smartphone zu zücken? Wäre es nicht höchste Zeit, sich mal wieder einen Moment zum Herumtrödeln und Tagträumen zu nehmen?

Wir hetzen uns durch den Tag, um Zeit für einen geruhsamen Feierabend herauszuschinden, arbeiten jahrelang wie wild, um uns eines fernen Tages den Vorruhestand leisten zu können, packen uns unter der Woche ein immenses Arbeitspensum auf, um ein langes Urlaubswochenende genießen zu können. Und wenn es dann endlich so weit ist, strecken wir erschöpft alle viere von uns, sind ausgelaugt, haben zu nichts mehr Lust oder stecken im Stau und schreien entnervt die Kinder an.

»Das Hinausschieben ist der größte Verlust fürs Leben; es verzettelt immer den nächsten Tag, es entreißt die Gegenwart, indem es auf die Zukunft verweist. Das größte Hindernis des Lebens ist die Erwartung, die vom Morgen abhängt« (*Das Leben ist kurz*, S. 31), schrieb uns der Stoiker

Seneca ins Stammbuch, der unser heutiges Verhalten bereits vor 2000 Jahren an seinen Mitbürgern beobachten konnte.

Was also ist zu tun? Wie können wir unser Leben wieder erleben, anstatt ihm hinterherzusprinten oder vor ihm wegzulaufen? Der Straßenkehrer Beppo scheint eine Lösung für unser Dilemma gefunden zu haben: »Man darf nie an die ganze Straße auf einmal denken, verstehst du? Man muss nur an den nächsten Schritt denken, an den nächsten Atemzug, an den nächsten Besenstrich. Und immer wieder nur an den nächsten. Dann macht es Freude, das ist wichtig, dann macht man seine Sache gut.« (*Momo*, S. 38)

Beppos so simpel klingender Ratschlag unterscheidet sich in nichts von den Unterweisungen eines Zen-Meisters. Auch dieser lehrt nichts anderes als mit jedem Atemzug im Hier und Jetzt anzukommen und mit der ganzen Aufmerksamkeit bei der Tätigkeit zu sein, die wir gerade ausführen. Nicht in Gedanken in die Zukunft zu schweifen und sich nicht von dem, was noch zu erledigen ist, hetzen zu lassen. Entschleunigen heißt, mit allen Sinnen, mit Körper, Geist und Seele im gegenwärtigen Moment anzukommen. Sich nicht von den Gedanken an ein Morgen beunruhigen zu lassen, sondern gerade jetzt das zu tun, was zu tun ist. Und dabei ganz präsent zu sein. Das ist es, was uns die aus dem Buddhismus stammende Achtsamkeitspraxis lehrt, die seit einigen Jahrzehnten großen Zuspruch im Westen findet.

> Diese Achtsamkeitsübung können Sie beliebig oft am Tag durchführen und empfiehlt sich gerade dann, wenn es mal wieder hektisch zugeht. Halten Sie für einen Moment inne und fragen Sie sich: Wie geht es mir gerade? Was spüre ich in meinem Körper? Wie atme ich? Atmen Sie bewusst einige Male tief ein und aus. Wenn Sie ungestört sind, stehen Sie auf und schütteln Sie den Stress aus Ihrem Körper. Strecken und dehnen Sie sich genüsslich. Gehen Sie, wenn möglich, vor die Tür oder ans geöffnete Fenster und nehmen Sie einige Atemzüge an der frischen Luft. Bereits mit einer kurzen Achtsamkeitspause können Sie eine stressige Situation entschleunigen und wieder festen Boden unter den Füßen gewinnen.

Die Weisheitswege aus Ost und West lehren uns seit jeher, alle Momente des Lebens bewusst zu erleben. Das Leben nicht einzuteilen in Arbeitszeiten, die hektisch abgeleistet werden müssen, um dadurch Ruhezeiten herauszuschinden, sondern zu versuchen, in den anstrengenden und arbeitsamen Zeiten ebenso präsent zu sein wie in den entspannten und kontemplativen. Denn erst unser ungeduldiger Umgang mit der Zeit macht diese zum Stress. Und die meiste Zeit verlieren wir tatsächlich damit, dass wir Zeit gewinnen wollen.

Ja, Zeit ist kostbar. Und unsere Lebenszeit, darauf weist Seneca hin, ist das wertvollste aller menschlichen Güter. Doch Zeit ist nicht Geld, wie uns die heutige Leistungsgesellschaft einzureden versucht. Wir können sie auch nicht auf ein Sparkonto legen, um sie später dort abzuheben, wie die grauen Männer in Momo den Menschen weismachen wollen. Und doch fallen wir diesem Denken immer wieder zum Opfer. Wir verschieben das, was wirklich wichtig wäre, auf morgen und vergeuden unsere Zeit im Heute mit oftmals sinnlosen Aktivitäten. »Wir haben keine zu geringe Zeitspanne, sondern wir vergeuden viel davon« (*Das Leben ist kurz*, S. 7), attestiert uns daher Seneca und ruft uns mahnend zu: »Ihr lebt so, als lebtet ihr ewig; niemals kommt euch eure Hinfälligkeit in den Sinn, nie achtet ihr darauf, wie viel Zeit schon vergangen ist.« (*Das Leben ist kurz*, S. 14)

Worum es also geht, ist, unsere Lebenszeit, dieses wertvolle und begrenzte Gut, bewusst zu nutzen. In der Gegenwart zu leben und den Moment auszukosten. Wie wäre es, wenn wir das Flanieren wieder erlernen würden? Uns Zeit für den Müßiggang nehmen würden? Unser Leben entschleunigen und uns im Slow Life üben würden? Dies macht eine Zen-Anekdote erfrischend deutlich, in der ein Zen-Schüler sich beim Meister beklagt, dass er kaum mehr Zeit habe, und diesen fragt, wie er sein hektisches Leben besser bewältigen könne. Der Meister antwortet: »Wenn du Zeit hast, meditiere eine Stunde. Wenn du keine Zeit hast, dann meditiere zwei.«

Was nichts anderes heißt, als sich für die wichtigen Dinge des Lebens Zeit zu nehmen. Denn Zeit, so versichert uns Seneca, ist immer da, wenn wir sie nur recht zu nutzen wissen: »Lang genug ist das Leben und reichlich bemessen auch für die allergrößten Unternehmungen – wenn es nur insgesamt gut angelegt würde.« (*Das Leben ist kurz*, S. 7)

> Machen Sie sich heute noch ein wertvolles Geschenk. Schenken Sie sich Zeit! Nehmen Sie sich ausgiebig Zeit für etwas, das Ihnen wirklich am Herzen liegt, und das Sie im Trubel des Alltags immer wieder aufschieben.

Literatur:
Michael Ende: *Momo*. Stuttgart/Wien 2005, Thienemann
Seneca: *Das Leben ist kurz!* Stuttgart 2007, Reclam

In aller Seelenruhe
Wie wir zur Gelassenheit finden

Vielleicht erinnern Sie sich noch an die Werbung einer Zigarettenmarke, die in ihren Werbespots mit einem kleinen gezeichneten Männchen warb, das bei der kleinsten Kleinigkeit an die Decke ging. Kaum griff es jedoch zur Zigarette wurde es völlig entspannt und gelassen. Der dazugehörige Slogan lautete: »Aber halt mein Freund! Wer wird denn gleich in die Luft gehen!« (Um Spekulationen vorzubeugen: Nein, wir werden nicht von der Zigarettenindustrie gesponsert. Dieses Männchen war nur eine der Kultfiguren unserer Kindheit.)

Wir hätten vermutlich alle nichts dagegen, wenn es mit der Gelassenheit so einfach ginge. Das tut es aber nicht. Gelassenheit ist nämlich nicht primär die Fähigkeit, sich schnell zu entspannen, sondern, um im Bild unserer Werbung zu bleiben, gar nicht erst so in die Luft zu gehen. Wer jedoch nicht von Haus aus mit einem stoischen Naturell gesegnet ist, wird vermutlich etwas mehr mit der Gelassenheit zu kämpfen haben als der Stoiker. Womit wir schon mittendrin wären im philosophischen Gelassenheitstraining.

Bereits die frühen griechischen Philosophen hielten es für ein erstrebenswertes Lebensziel, nicht gleich in die Luft zu gehen, sondern gelassen zu bleiben. Und sie waren davon überzeugt, dass man sich in die Gelassenheit einüben könne und müsse. Denn Gelassenheitsmeister sind auch vor 2500 Jahren nicht einfach vom Himmel gefallen. Und so erklärten nicht nur die Stoiker, sondern fast alle philosophischen Schulen die praktische Einübung in die Gelassenheit zu einer der wichtigsten Aufgaben der Philosophie.

Vielleicht wundern Sie sich jetzt über diese Praxisorientierung, weil Sie mit Philosophie immer etwas Theoretisches oder Abstraktes verbunden haben, also mehr eine reine Denktätigkeit. Für die antike abendländische Philosophie trifft diese Einschätzung nicht zu. Philosophie war ein Therapeutikum für die Seele. Berühmt ist Epikurs Ausspruch: »Leer ist die Rede jedes Philosophen, durch die keine menschliche Leidenschaft geheilt wird.« (*Von der Überwindung der Furcht*, S. 82)

Epikur, der übrigens kein Stoiker war, sondern eine eigene Schule begründete, sagt damit auch, welche Krankheit die Philosophie zu heilen versucht: es sind die Leidenschaften, unsere Affekte. Wer sich jetzt ein bisschen an östliche Meditationssysteme erinnert fühlt, der liegt nicht falsch. Die Kontrolle der Affekte, um zur inneren Gelassenheit zu kommen, ist für die meisten meditativen Wege eine der zentralen Übungsaufgaben. Sollten Sie sich jetzt fragen, ob die Inder ihre Ideen nach Griechenland exportiert haben, lautet die Antwort: Nein. Die alten Griechen kamen selbst auf die Idee, die Störfeuer des inneren Seelenfriedens etwas genauer zu analysieren.

Für diese Analyse benötigen wir ein Instrument, und das war für die Stoiker die Vernunft. Eine der einfachsten Erkenntnisse liegt darin, zu begreifen: Je mehr Ereignissen wir uns aussetzen, desto größer ist die Wahrscheinlichkeit in einen Zustand der inneren Getriebenheit und Rastlosigkeit zu geraten.

Hier kann es sehr hilfreich sein, wenn Sie sich Ihren Wochenplan ansehen. Sind alle Veranstaltungen, Termine, Treffen, Aufgaben zwingend notwendig? Gibt es etwas, das Sie ohne große Probleme streichen könnten? Falls es scheinbar nichts gibt, dann überlegen Sie sich, welche Konsequenzen eine Streichung hätte und was diese Konsequenzen mit Ihnen und Ihrem Leben wirklich machen? Welche Reduktion würde tatsächlich die Substanz Ihres Lebens angreifen?

Der römische Stoiker Seneca riet noch zu etwas Weiterem: »Richtige Selbsteinschätzung ist vor allem notwendig, denn wir neigen meist zur Überschätzung unserer Fähigkeiten.« (*Von der Seelenruhe*, S. 185) Es lebt sich entspannter, wenn wir unsere Kräfte einteilen und für das verwenden, was wir wirklich können. Denn je souveräner wir mit etwas sind, desto weniger bringen uns unerwartete Dinge aus dem Konzept und damit aus der inneren Ruhe.

Diese Souveränität bezieht Seneca aber nicht nur auf unsere Fähigkeiten, sondern ganz wesentlich auf uns selbst. Je authentischer wir sind, je weniger Masken wir tragen, hinter denen wir uns verstecken und anderen etwas vorgaukeln, was wir gar nicht sind, desto ruhiger können wir leben. Wer stets in der Furcht lebt, ertappt zu werden, wird die Sorge vor der Demaskierung nicht los. Die richtige Selbsteinschätzung hat noch einen weiteren Vorteil. Sie kalkuliert die Möglichkeit des Scheiterns immer als realistische Möglichkeit mit ein. »Denn die Seelenqual enttäuschter Wünsche wird notwendigerweise derjenige leichter tragen, der sich nicht hat einreden lassen, dass der Erfolg ihm sicher sei.« (*Von der Seelenruhe*, S. 201)

Und noch etwas ist der Seelenruhe zuträglich: Fokussieren wir uns auf das Naheliegende und das, was wir erreichen können, und nicht auf das, was nur schwer zu erreichen ist. Denn wer sein Lebensglück von unrealistischen Dingen abhängig macht, wird durch ihr Nichterreichen frustriert und gestresst.

Aber nicht nur unrealistische Ziele gefährden unsere innere Ausgeglichenheit.

> »Wer ruhig leben will, darf sich nicht verzetteln ... Und bei seinen Planungen hat er nun zuallererst an die möglichen Hindernisse gedacht.«
> (*Von der Seelenruhe*, S. 201)

Wer beruhigt leben möchte, sollte über eine gewisse Bereitschaft verfügen, ausdauernd an einer Sache dranzubleiben und dennoch flexibel zu sein und auch mögliche Hindernisse bereits gedanklich vorwegzunehmen. »Der inneren Ruhe steht beides entgegen: die Unfähigkeit zur Umstellung wie die Unfähigkeit zum Standhalten.« (*Von der Seelenruhe*, S. 201) Flexibilität heißt, sich auf veränderte Umstände einstellen zu können. Wer starr an einem Schema festhält, das nicht mehr den äußeren Umständen entspricht, wird kaum Erfolg haben. Diese Erfolglosigkeit greift wiederum die innere Ruhe an.

Selbst für die Lebenssituationen, die nicht mehr unserer Planbarkeit und Verfügbarkeit unterliegen, hat die Stoa eine Idee, wie wir mit dem wirklich Unangenehmen und Schmerzhaften besser fertigwerden. Schicksalsschläge lassen sich nach stoischer Überzeugung nämlich leichter dadurch ertragen, dass wir uns stets bewusst machen, dass sie uns jederzeit treffen können. Man könnte dies eine mentale Vorbereitung nennen, die nichts mit Schwarzsehen oder Katastrophen-Herbeisehnen zu tun hat, sondern einfach mit dem Bewusstsein, dass diese untrennbar mit dem Leben verbunden sind.

Die Frage »Wieso passiert das gerade mir?«, würde der Stoiker vermutlich mit der Gegenfrage beantworten: »Wieso soll es dir nicht geschehen, soll es einen anderen treffen?« Worum es der Stoa hier geht, ist, dass wir uns bewusst machen, dass es viele Dinge im Leben gibt, die wir nicht beeinflussen können. Sie passieren, ob wir es wollen oder nicht. Ob wir empört sind oder nicht, ob wir uns aufregen oder nicht, nichts hat Einfluss darauf, dass sie passieren. Somit kann es im Umgang mit diesen Dingen nur eine einzige sinnvolle Haltung geben: sie zu akzeptieren.

Und für denjenigen, der angesichts der Unzulänglichkeiten seiner Umwelt in Rage gerät, hat Seneca ebenfalls einen guten Ratschlag: »So sollte man eben alles mit leichtem Sinn ertragen und nicht so wichtig nehmen.« Man kann sich über die anderen ärgern oder das Ganze mit Humor nehmen. Letzteres ist dem eigenen Seelenfrieden deutlich zuträglicher. Wer die Fehler der anderen mit Nachsicht beurteilt, tut sich selbst den größten Gefallen.

Vergegenwärtigen Sie sich etwas, was Ihnen Ihren inneren Frieden raubt. Verändern Sie jetzt Ihre Position. Setzten Sie sich auf einen anderen Stuhl oder stellen Sie sich woanders hin und schauen Sie als unbeteiligter Dritter auf die Situation. Überlegen Sie sich, ob Sie diese nicht auch anders interpretieren könnten. Gibt es eine verborgene komische Seite? Gibt es vielleicht auch etwas Gutes in der Situation?

Literatur:
Epikur: *Von der Überwindung der Furcht. Katechismus, Lehrbriefe, Spruchsammlung, Fragmente.* Zürich 1990, Artemis Verlag
Seneca: *Von der Seelenruhe*, in: Heinz Berthold: *Handbuch des glücklichen Lebens. Philosophische Schriften.* Köln 2011, Anaconda

Die große Stille
Weshalb unsere stillsten Stunden oft die ereignisreichsten sind

Um seine Person ranken sich zahllose Mythen und Legenden. Manche Historiker bezweifeln sogar, dass er überhaupt gelebt hat: Laotse, der wohl bekannteste Philosoph Chinas. Mit ihm betrat einige Jahrhunderte vor unserer Zeitrechnung die Stille als Erkenntnismöglichkeit die Gefilde der Philosophie. »Wahre die Stille bis zum Völligsten« (Laotse, Spruch 16), forderte er im *Tao Te King,* dem Gründungsbuch des Taoismus und entwarf in diesem zugleich den Idealtyp des taoistischen Philosophen: »Der Berufene lebt in der Welt ganz still und macht sein Herz für die Welt weit.« (Spruch 49)

In der heutigen Zeit scheint die Stille jedoch vom Aussterben bedroht. Wo immer wir hingehen, folgt uns der Lärm auf Schritt und Tritt. Und so ist die Stille zu einem so kostbaren Gut geworden, für das wir bereit sind, weit zu reisen und große Anstrengungen auf uns zu nehmen.

Wir suchen sie in fernen Ländern, auf den Gipfeln der Berge, in der Tiefe der Wälder, in der Weite der Wüsten. Und wenn wir sie schließlich finden und sie sich um und in uns ausbreitet, erleben wir nicht selten Augenblicke großer Fülle und bis dahin ungeahnter Intensität. Die Zeit scheint still zu stehen. Wir lauschen und werden hellhörig und feinfühlig.

Doch die Stille kann uns auch einen gewaltigen Schrecken einjagen. Denn wir sind es nicht mehr gewohnt, ohne Geräusche und fernab von Trubel und Hektik zu leben. Dann lehrt uns die schweigende Übermacht der Natur das Fürchten und die Nacht, die dunkel und still über uns hereinbricht, legt sich lähmend auf uns. Es ist, als würde mit der plötzlichen Ruhe unser Leben zum Stillstand kommen. Wir aber wollen unser Leben immerzu vorantreiben und glauben, dass nur dort, wo am meisten Trubel und Action herrscht, das wirkliche Leben stattfindet. Dabei übersehen wir, dass das Eigentliche in der Stille geschieht.

> »Die größten Ereignisse – das sind nicht unsre lautesten, sondern unsre stillsten Stunden«, schrieb uns der Philosoph Friedrich Nietzsche ins Stammbuch (*Also sprach Zarathustra,* S. 660). Reservieren Sie sich daher Zeiten der Stille in Ihrem Alltag.

Wie aber können wir zur Stille in uns selbst zurückfinden? Der Taoismus hat hierfür wirksame Methoden der Meditation und der zentrierenden Atem- und Körpertechniken wie das Tai Chi entwickelt, die den Geist von Unruhe befreien. Denn wenn es im Außen still wird, geht der Lärm im Innen meist erst so richtig los. Diese verstörende Erfahrung machen Menschen immer dann, wenn sie sich ins Kloster zu Exerzitien oder in ein Meditationszentrum zu einem Retreat zurückziehen. Eine Flut von Gedanken, Ängsten, Sorgen und Erinnerungen bricht über sie herein. Nicht von ungefähr vergleicht der Buddhismus unsere Gedanken mit einer Affenhorde, die immer dann am lautesten zu kreischen beginnt, wenn es um uns herum still wird. Klar, dass unser Geist die plötzlich eintretende Ruhe dazu nutzt, uns endlich lautstark auf all das hinzuweisen, was wir im geschäftigen Alltag verdrängt und ignoriert haben. Und auch wenn es schwer auszuhalten ist, hilft hier letztlich nur eines: Still sitzen bleiben und warten, bis sich unser Geist durch alles durchgearbeitet hat, und die Affen es schließlich müde werden, um unser Kissen zu tanzen. Die aufgescheuchten Gedanken kommen und gehen lassen, ohne sich mit ihnen zu identifizieren und ohne sich mit ihrem Inhalt zu beschäftigen. Einfach nur sitzen, bis sie sich leer gelaufen haben und durch die Bewegungslosigkeit des Körpers auch unser Geist von Unruhe gereinigt wird. »Man muss seinen Mund schließen und seine Pforten zumachen, seinen Scharfsinn abstumpfen, seine wirren Gedanken auflösen, sein Licht mäßigen« (Spruch 56), erklärt uns hierzu der lebenspraktische Laotse. In den Zen-Klöstern wird daher vor einer weißen Wand meditiert, um dem Geist nichts anzubieten, mit dem er sich beschäftigen könnte. Es geht darum, absichtslos im Hier und Jetzt zu ruhen. Das folgende Zen-Gedicht bringt diese Grundhaltung des Geschehen-Lassens zum Ausdruck.

Still sitzen.
Nichts tun.
Der Frühling kommt.
Das Gras wächst.
(Aus dem Zen-Buddhismus)

»Wu Wei«, absichtsloses Tun oder auch bemühungsloses Bemühen nennt der Taoismus diesen Zustand, der zur inneren Stille führt und von dem es heißt, dass er zur richtigen Zeit die richtige Handlung im Einklang mit der natürlichen Ordnung der Dinge hervortreten lässt. »Die Welt ist ein geistiges Ding, das man nicht behandeln darf. Wer sie behandelt, verdirbt sie, wer sie festhalten will, verliert sie« (Spruch 29), erkannte Laotse und bringt damit die grundlegende Überzeugung des Taoismus zum Ausdruck: Alles ist einem steten Wandel unterworfen und weises Handeln besteht darin, dem keinen Widerstand entgegenzusetzen, sondern mit dem ständigen Werden harmonisch mitzufließen und die Dinge sich selbst ordnen zu lassen.

Mit dieser Meditation können Sie sich einen inneren Raum der Stille eröffnen, ganz unabhängig von äußeren Umständen. Schließen Sie dafür die Augen und konzentrieren Sie sich auf Ihren Atem. Atmen Sie bewusst ein und aus. Und beginnen Sie nun, ganz gezielt in die kleine Pause zwischen dem Ausatmen und dem erneuten Einatmen hineinzuspüren und hineinzuhorchen. Dies ist ein Ort großer Stille. Nichts bewegt sich, alles vertieft sich. Es ist, als ob Sie auf dem Meeresgrund ankommen. Verlängern Sie diese Pause so lange, wie es Ihnen guttut. Und spüren Sie, wie sich mit jedem Atemzug die Stille in Ihnen ausbreitet.

Wenn wir nur lange genug in die Stille horchen, so versichert uns Laotse, finden wir zu den Antworten unseres Lebens. Dann wird angemessenes Handeln möglich, das im Einklang mit dem Tao und unserem Wesen steht. Denn »Reinheit und Stille sind der Welt Richtmaß« (Spruch 45), so der Weise, der davon überzeugt war, dass allein ein Leben in Harmonie zu dauerhaftem und wahrem Glück führt.

Auch die antike Philosophenschule der Stoa sah ihre Hauptaufgabe darin, den Menschen zu zeigen, wie sie aus eigener Kraft glücklich werden können. Um dies zu erreichen, empfahlen die Stoiker ebenso wie die Taoisten stille Einkehr bei sich selbst zu halten und Seelenschau zu betreiben. »Gibt es doch nirgends eine stillere und ungestörtere Zufluchtsstätte als die Menschenseele, zumal wenn sie Eigenschaften in sich birgt, deren Betrachtung eine harmonische Seelenstimmung hervorruft« (*Selbstbetrachtungen*, S. 52), schrieb der Stoiker Marc Aurel. So findet der Mensch zu unerschütterlicher Ruhe und zu dem, was die Stoa die »Meeresstille der Seele« nennt.

Hierfür ist es wichtig, Oasen der Stille im täglichen Leben zu haben und aufzusuchen, sei es ein Rückzugsort in der Natur, eine nahe gelegene Kirche, eine Bibliothek, der eigene Garten oder ein ruhiger Raum in der Wohnung. Ein Ort also, an dem wir schweigen können, fernab des täglichen Verkehrslärms und der täglichen Beschallung durch Medien und Menschen, an dem wir einkehren in die Stille des Herzens. Denn dieser Raum der Stille ist immer da und die Tür immer offen – wir müssen uns nur entscheiden, einzutreten. Dann eröffnen sich uns neue

Erfahrungsräume. Wir kommen in Berührung mit dem Wesentlichen.

> Gönnen Sie sich eine Auszeit. Suchen Sie einen Ort der Ruhe auf, wo Sie Kraft tanken und zu Ihrem inneren Gleichgewicht finden können. Legen Sie sich auf die Erde. Lauschen Sie in die Stille. Finden Sie heraus, was es heißt, dem Gras beim Wachsen zuzuhören.

Literatur:
Laotse: *Tao Te King.* Kreuzlingen 1978, Heinrich Hugendubel Verlag
Marc Aurel: *Selbstbetrachtungen.* Berlin 2003, Insel Verlag
Friedrich Nietzsche: *Werke II. Also sprach Zarathustra.* Frankfurt 1984, Ullstein

Vom Wert der Besonnenheit
Weshalb es hilfreich ist, einen kühlen Kopf zu bewahren

Sie haben im Eifer des Gefechts wieder etwas getan, was Sie danach bereut haben? Vermutlich wünschten Sie sich hinterher, Sie hätten einen kühlen Kopf bewahrt, sich nicht von Ihren Emotionen hinreißen lassen, sondern besonnen und umsichtig gehandelt.

Den Wert eines kühlen Kopfes priesen schon die griechischen Philosophen. Sie sprachen in diesem Kontext von *sophrosyne*, von Besonnenheit als einer ganz besonderen Tugend. Platon beschäftigte sich in einigen seiner Werke mit diesem Thema. In seinem Dialog *Charmides* versucht er ihren Wert zu eruieren. Für ihn ist sie das Heilmittel für eine jede Seele, da sie die Beunruhigungen aus ihr vertreibt. Besonnenheit ist eine Art von Gelassenheit. Während aber Gelassenheit eher das Erleben der inneren Ruhe umschreibt, betont die Besonnenheit den erkenntnishaften Aspekt. Sie wird durch reflektierendes Nachdenken erlangt. Der Besonnene, weiß, was zu tun ist, weil er die Dinge durchschaut.

Besonders Platons Schüler Aristoteles betonte die enge Verbundenheit der Klugheit mit der Besonnenheit, denn Letztere bewahrt die Urteilsfähigkeit. Nur ein besonnener Mensch fällt kluge Urteile! Er erkennt durch sein umsichtiges Nachdenken und Überprüfen, wann der richtige Zeitpunkt und die richtige Situation zum Handeln eingetreten sind. Wie bei Platon hat auch bei Aristoteles diese Art der Besonnenheit etwas mit Selbsterkenntnis zu tun.

Der Besonnene ist nur deshalb in der Lage, die Situation und Zeit richtig einzuschätzen, weil er sich selbst, seine Möglichkeiten und Fähigkeiten realistisch wahrnehmen kann. Diesen Aspekt schätzte auch der deutsche Philosoph Arthur Schopenhauer, der Besonnenheit für eine der wichtigsten Tugenden des Menschen erachtete. »Die Besonnenheit entspringt aus der Deutlichkeit, mit welcher man der Welt und seiner selbst innewird und dadurch zur Besinnung darüber kommt.« (*Welt als Wille und Vorstellung*, S. 436)

Diese Einsicht hat bis in unsere Tage nichts an Bedeutung verloren. Allzu oft können wir erleben, dass uns etwas mehr Besonnenheit vor manch böser Überraschung bewahrt hätte. Wieso leben wir dann aber oftmals ganz anders? Vermutlich hat es damit zu tun, dass diese Eigenschaft in einer Zeit, in der es um schnelle Entscheidungen geht, als etwas Hinderliches betrachtet wird. Wer besonnen agiert, nimmt sich auch einmal Zeit zum Nachdenken und Überdenken, ob bestimmte Entscheidungen denn wirklich stimmig sind oder ob man sie vielleicht nicht besser sein lassen sollte. Besonnenheit hängt nämlich mit »sich besinnen« zusammen. Um sich zu besinnen, braucht es Zeit und Ruhe.

> Wenn Sie vor einer wichtigen Entscheidung stehen, dann nehmen Sie sich Zeit zum Nachdenken. Vergegenwärtigen Sie sich, wie Sie in ähnlichen Situationen entschieden haben, und fragen Sie sich, ob Sie mit Ihren Entscheidungen erfolgreich waren.

Ruhiges Nachdenken wird heute nicht selten als Zögerlichkeit und Unentschlossenheit interpretiert. Eigenschaften, die als charakterliche Schwächen gelten. Unsere Zeit definiert sich eher über Aktionismus und weniger über besinnliches Nachdenken. Wohin dies führen kann hat der Österreichische Kabarettist Helmut Qualtinger wunderbar in seinem Lied *Der Halbwilde* besungen. Dort heißt es: »Zwar hab ich ka Ahnung, wo ich hinfahr, aber dafür bin i g'schwinder durt!« Man könnte sagen: planlos, aber schnell! Dass diese Art des Handelns nicht immer zu einem befriedigenden Ergebnis führt, ist naheliegend.

Was für die Moderne zum Qualitätsmerkmal wurde, nämlich schnell zu entscheiden, war für die antiken Philosophen der Beleg mangelnder Weisheit. So zeichnete sich der stoische Weise gerade dadurch aus, dass er sich mit vorschnellen Urteilen zurückhielt, weil er erkannt hatte, dass diese erstens oftmals unreflektiert und falsch sind und zweitens, weil er sah, dass diese dem inneren Seelenfrieden nicht zuträglich sind. Wie Urteile den Seelenfrieden beeinflussen können, können Sie im Kapitel *Das Glück liegt in deinen Händen!* (Seite 88) nachlesen.

Der Besonnene handelt entsprechend der Vorstellungen der alten Griechen nicht nur deshalb klug und gut, weil er sich selbst kennt und über die Umstände reflektiert, sondern weil er auch die Folgen seines Handelns in seine Überlegungen miteinbezieht. Kurt Tucholsky sagte einst: »Das Gegenteil von gut ist nicht böse, sondern gut gemeint.« Wir kennen alle Situationen, bei denen etwas gründlich danebengeht, obwohl die Beteiligten es gut gemeint hatten. Kurt Tucholsky als scharfer

Beobachter menschlichen Handelns hatte ganz richtig erkannt, dass das gut Gemeinte deshalb das Gegenteil des Guten ist, weil seine Folgen nicht bedacht werden. Wer etwas gut meint, möchte etwas gut machen, aber nicht selten mangelt es ihm an der Besonnenheit, abzuschätzen, ob das, was er intendiert, auch erreicht werden kann. Vor lauter Begeisterung, etwas Gutes zu tun, stürmt er los und erreicht im schlimmsten Fall genau das Gegenteil von dem, was er wollte.

Manchmal erscheinen bestimmte Möglichkeiten attraktiver als andere und wir entscheiden uns dann für diese, ohne zu berücksichtigen, welche Folgen sie haben. Leider sind die attraktivsten Möglichkeiten aber nicht immer die mit den besten Folgen. Sowohl in der Wirtschaft als auch im privaten Bereich können wir immer wieder erleben, dass Handlungen, die nur auf ihren kurzfristigen Nutzen hin betrachtet wurden, auf lange Sicht genau das Gegenteil bewirken. Die Beseitigung dieser negativen Folgen kostet oftmals enorm viel Energie und manchmal auch viel Geld.

Wenn Sie sich nun fragen, wie Sie denn zu mehr Besonnenheit finden, dann hören Sie einfach auf das, was Arthur Schopenhauer seinen Lesern riet:

»Um mit vollkommener Besonnenheit zu leben, ist erfordert, dass man oft zurückdenke und was man erlebt, getan, erfahren und dabei empfunden hat rekapituliere, auch sein ehemaliges Urteil mit seinem gegenwärtigen, seinen Vorsatz und Streben mit dem Erfolg und der Befriedigung durch denselben vergleiche. Wer im Getümmel der Geschäfte, oder Vergnügungen, dahinlebt, ohne je seine Vergangenheit zu ruminieren, vielmehr nur immerfort sein Leben abhaspelt, dem geht klare Besonnenheit verloren. Dies ist umso mehr der Fall, je größer die äußere Unruhe, die Menge der Eindrücke, und je geringer die innere Tätigkeit seines Geistes ist.« (*Parerga und Paralipomena*, II, 444; N. 8)

Zur Besonnenheit gehört also die Fähigkeit, sein eigenes Tun kritisch zu reflektieren und zu überdenken. Dies gelingt am besten, wenn man sich nicht völlig im Getriebe des alltäglichen Lebens verliert.

Literatur:
Platon: *Charmides*, in: *Sämtliche Werke*. Hamburg 1998, rororo
Arthur Schopenhauer: *Welt als Wille und Vorstellung*, in: *Sämtliche Schriften und handschriftlicher Nachlaß bearbeitet von Julius Frauenstädt*, 1. & 2. Band. Leipzig 1871, Brockhaus Verlag
Arthur Schopenhauer: *Parerga und Paralipomena*, in: *Sämtliche Schriften und handschriftlicher Nachlaß bearbeitet von Julius Frauenstädt*, 1. & 2. Band. Leipzig 1871, Brockhaus Verlag

KAPITEL 2

»ICH SCHÖPFE AUS MEINEN SEELISCHEN VORRÄTEN«

(Antisthenes)

DIE RESSOURCEN STÄRKEN

Selbstfürsorge
Von der Kunst, sich selbst zu lieben

»Was die anderen, was die Umwelt betraf, so machte er beständig die heldenhaftesten und ernstesten Versuche, sie zu lieben, ihnen gerecht zu werden, ihnen nicht weh zu tun, denn das ›Liebe deinen Nächsten‹ war ihm ebenso tief eingebläut wie das Hassen seiner selbst, und so war sein ganzes Leben ein Beispiel dafür, dass ohne Liebe zu sich selbst auch die Nächstenliebe unmöglich ist, dass der Selbsthass genau dasselbe ist und am Ende genau dieselbe grausige Isoliertheit und Verzweiflung erzeugt wie der grelle Egoismus.« (*Der Steppenwolf,* S. 19)

In seinem Roman *Der Steppenwolf* zeichnete der Schriftsteller Hermann Hesse das Psychogramm eines Menschen, dem bereits in der Kindheit der strenge Glaubenssatz eingehämmert wurde, die anderen zu achten und sich selbst zu missachten. Der, da er sich selbst nicht Freund sein durfte, zu seinem größten Feind wurde. Der wie ein hungriger Wolf auf der Suche nach Liebe, die er sich selbst nicht geben konnte, durchs Leben streifte.

Dass dieser Glaubenssatz ein großes Missverständnis beinhaltet, machte der Philosoph Erich Fromm in seinem Weltbestseller *Die Kunst des Liebens* unmissverständlich klar: »Ist es eine Tugend, wenn ich meinen Nächsten als ein menschliches Wesen liebe, so muss es auch eine Tugend, nicht aber ein Laster sein, wenn ich mich selbst liebe, da auch ich ein menschliches Wesen bin. Es gibt keinen Begriff des ›Menschen‹, der mich selbst nicht einschlösse. Der Gedanke ›Liebe deinen Nächsten wie dich selbst‹, wie er in der Bibel steht, bedeutet nichts anderes, als dass Achtung vor der eigenen Unantastbarkeit und Einmaligkeit, Liebe zum eigenen Ich und ein Begreifen des eigenen Ichs nicht trennbar ist von der Achtung vor dem anderen, der Liebe zum andern und dem Begreifen des andern.« (*Die Kunst des Liebens*, S. 72)

Kein anderer Philosoph lehrte so entschieden wie Erich Fromm, dass es sich bei der Liebe um eine Kunst handelt, die es einzuüben gilt. Denn Liebe ist nicht etwas, das einfach so vom Himmel fällt, sondern sie erfordert Wissen, Einübung und aktives Bemühen. Und das gilt insbesondere für die Selbstliebe. Denn das Paradox des modernen Menschen scheint es zu sein, dass er zwar ständig um sich selbst kreist, doch nicht bei sich ankommt. Dass er zwanghaft mit sich selbst beschäftigt ist und doch am liebsten jemand anderes wäre. Dass es ihm bei aller Selbstzentrierung an Selbstakzeptanz fehlt. Solange wir aber ein anderer Mensch sein wollen, sind wir von der Selbstliebe weit entfernt.

Die Forschungsergebnisse aus der modernen Psychologie belegen, dass Menschen, die gut für sich selbst sorgen, sich weit schneller von Lebenskrisen erholen, weniger zu Ängsten, Depressionen und Burn-out neigen und über mehr Selbstvertrauen verfügen. Erst eine gesunde Portion Selbstliebe verleiht uns offenbar die nötige Gelassenheit und innere Stärke für die Bewältigung des Alltags und befähigt uns dazu, unser seelisches Gleichgewicht auch in den Stürmen des Lebens nicht zu verlieren.

Doch seien wir ehrlich: Genau davon sind wir oft meilenweit entfernt! Weshalb aber fällt es uns so schwer, uns so anzunehmen, wie wir sind? Warum geben wir uns selbst nicht die Fürsorge, die wir unseren Kindern, Partnern und Freunden so freigiebig schenken? Weshalb lassen wir uns gerade dann, wenn wir unser Mitgefühl am dringendsten bräuchten, immer wieder selbst im Stich?

Es sind offenbar frühe Prägungen und verinnerlichte Glaubenssätze, die unser Leben heute noch bestimmen und so schwer machen. Wir haben die kritischen Stimmen unserer Eltern und Bezugspersonen verinnerlicht, und zwar so tief, dass wir meinen, es wären unsere eigenen. Und immer noch gehorchen wir diesen Stimmen, die uns schelten, strafen, maßregeln, die uns dazu antreiben, ein anderer, ein »besserer« Mensch zu werden. Nie scheinen wir deren Erwartungen zu genügen: »Streng dich an!«, »Sei perfekt!«, »Mach schneller!«, »Sei stark!«, »Pass dich an!«, ermahnen sie uns. Die Psychologie bezeichnet diese Stimmen als unsere inneren Antreiber. Kaum jemand, der nicht von einem oder mehreren dieser stressigen Sätze angespornt, wenn nicht gar durchs Leben gejagt wird.

Nehmen Sie Ihren Antreibern doch immer mal wieder den Wind aus den Segeln, indem Sie ihnen positive Botschaften, sogenannte »Erlauber«, an die Seite stellen: Natürlich darf ich Fehler machen, ich habe genug Zeit, darf mich auch mal ausruhen, ich bin, wie ich bin, und darf durchaus mal Schwächen zeigen.

Wäre es nicht großartig, wenn wir uns selbst die beste Freundin oder der beste Freund sein könnten? Wenn wir in guten und schlechten Zeiten auf uns bauen und darauf vertrauen könnten, dass wir uns fürsorglich und schützend zur Seite stehen? Selbstfreundschaft nannte Aristoteles die Fähigkeit, mit sich selbst eins zu sein und gut für sich selbst zu sorgen.

In seiner Tugendlehre entschied er die alte Streitfrage, wen es denn mehr zu lieben gelte – den Nächsten oder sich selbst – überraschenderweise sogar zugunsten des Selbst: »Jeder ist sich selbst der beste Freund und darum soll man auch sich selbst am meisten lieben.« (*Nikomachische Ethik* IX, 4, 1168b) Von seinem Lehrer Platon der Selbstsucht bezichtigt, erhielt Aristoteles für seine Wertschätzung der Selbstliebe Jahrhunderte später unerwartete Schützenhilfe von Meister Eckhart, dem großen christlichen Philosophen des Mittelalters: »Hast du dich selbst lieb, so hast du alle Menschen lieb wie dich selbst. Solange du einen einzigen Menschen weniger lieb hast als dich selbst, so hast du dich selbst nie wahrhaft lieb gewonnen.« (Meister Eckhart. *Deutsche Predigten und Traktate*, S. 214)

Eine ketzerische, geradezu brandgefährliche Aussage für einen Christenmenschen in Zeiten der Inquisition. Denn es waren ja die Kirchenlehrer, die aus dem zentralen Gebot von Jesus »Liebe deinen Nächsten wie dich selbst« den zweiten Teil rigoros verbannt hatten. Nächstenliebe ja, Selbstliebe nein, lautete fortan der christliche Tenor, dem nur wenige etwas entgegenzustellen wagten. Dass Selbstliebe und Selbstsucht aber rein gar nichts miteinander gemein haben, machte Erich Fromm deutlich: »Es stimmt zwar, dass selbstsüchtige Menschen unfähig sind, andere zu lieben, aber sie sind auch nicht fähig, sich selbst zu lieben.« (*Die Kunst des Liebens,* S. 75) Die Erkenntnisse der modernen Psychologie weisen in die gleiche Richtung. Erst die Fähigkeit zu Mitgefühl mit sich selbst macht wahres Mitgefühl für andere möglich. Nur wer gut für sich selbst sorgt, füllt seine Kraftquellen immer wieder auf und verfügt so über die Ressourcen, sich fürsorglich um andere zu kümmern.

Wie aber gelingt es uns, alte Muster der Selbstkritik und Selbstabwertung aufzulösen und uns in der aristotelischen Tugend der Selbstfreundschaft einzuüben? Die moderne Hirnforschung ebenso wie die Positive Psychologie sind sich darin einig, dass wir Selbstfreundschaft jederzeit erlernen können. Die Hirnforschung spricht in diesem Zusammenhang von der Neuroplastizität, also der Formbarkeit des menschlichen Gehirns. Diese macht es möglich, dass wir bis ins hohe Alter negative Verschaltungen mit neuen positiven Erfahrungen überschreiben können, pessimistische Glaubenssätze durch optimistische ersetzen lernen und kritische innere Stimmen durch liebevolle zum Schweigen bringen.

Wie wäre es, wenn Sie gleich heute mit der Einübung von Selbstfürsorge beginnen würden? Indem Sie sich selbst zuvorkommend und mit Wertschätzung behandeln, mit einer freundlichen inneren Stimme mit sich selbst sprechen, sich loben, wenn

Sie etwas gut gemacht haben, sich trösten, wenn Ihnen ein Missgeschick widerfahren ist und sich aufmunternd zulächeln, wenn Sie mal wieder zu streng mit sich selbst waren?

Schon ein Augenblick, in dem wir mitfühlend und liebevoll mit uns selbst umgehen, kann unseren ganzen Tag verändern. Und viele solcher Momente geben unserem Leben eine ganz neue Richtung.

Indem wir unsere Aufmerksamkeit auf die schönen Dinge dieser Welt richten, uns mit allen Sinnen an der Fülle der Welt erfreuen, Glücksmomente sammeln und unser Glück großzügig mit anderen teilen, sorgen wir gut für uns und machen unser Leben und das der Menschen um uns herum reich und erfüllt.

Literatur:
Aristoteles: *Philosophische Schriften. Bd. 3, Nikomachische Ethik.* Hamburg 1995, Felix Meiner Verlag
Erich Fromm: *Die Kunst des Liebens.* Berlin 2007, Ullstein Verlag
Hermann Hesse: *Der Steppenwolf.* Frankfurt 1972, Suhrkamp Verlag
Meister Eckhart: *Deutsche Predigten und Traktate.* Zürich 1979, Diogenes Verlag
Kristin Neff: *Selbstmitgefühl. Wie wir uns mit unseren Schwächen versöhnen und uns selbst der beste Freund werden.* München 2012, Kailash Verlag

Lustvoll leben!
Wer nicht genießt, ist ungenießbar

Wann haben Sie es sich denn das letzte Mal richtig gut gehen lassen? Wann haben Sie ohne Diätratgeber im Hinterkopf, ohne Pulsuhr am Handgelenk, ohne aktivierte Selbstoptimierungs-App einfach einmal das getan, worauf sie richtig Lust hatten, auch wenn diese Lust nicht zu 100 Prozent als gesundheitlich unbedenklich zertifiziert ist? Hoffentlich vor nicht allzu langer Zeit, denn eines ist für das gute Leben absolut unverzichtbar: die pure Lebenslust. Lebenslust kann sich auf vielfältige Weise artikulieren. Eine davon ist mit Genuss verbunden. »Wer nicht genießt, ist ungenießbar«, heißt es in einem Lied von Konstantin Wecker. Darin steckt eine gehörige Portion Wahrheit.

In der Philosophie hatte es der sinnliche Genuss nicht immer leicht, aber zwei Schulen in der abendländischen Philosophietradition erkannten: Ein Leben ohne sinnlichen Genuss ist ganz schön fade und widerspricht der Natur des Menschen. Und so begannen sie ihr Loblied auf den Genuss anzustimmen. Mit ihrer Genuss- und Lust-Fokussierung mussten die Kyrenaiker und Epikuräer zwar viele Angriffe über sich ergehen lassen, aber sie ließen sich nicht unterkriegen. Einer der ersten Denker bei den alten Griechen, der erkannte, dass zum Leben eben auch der sinnliche Genuss gehört, war Aristipp von Kyrene. Er gilt als der Begründer der Kyrenaikischen Schule. Interessanterweise war sein Lehrer der berühmte Sokrates, der nicht unbedingt als Philosoph der Sinneslust in die Geschichte einging.

Auch wenn unserer Zeit oft nachgesagt wird, sie wäre hedonistisch, also genussorientiert, so mag zwar zutreffen, dass wir heute mehr konsumieren und schneller materielle Bedürfnisse befriedigen können, doch dass wir damit genussfähiger geworden sind, darf bezweifelt werden. Genuss bedeutet nämlich mehr als Konsum und zwar unabhängig davon, ob es sich um Dinge, Ereignisse oder Nahrungsmittel handelt. Genuss ist die Fähigkeit, sich ganz auf etwas einzulassen und dies bewusst wahrzunehmen. Wir können Dinge konsumieren oder genießen. Konsum kann in der Sucht enden, echter Genuss hingegen führt nicht zur Sucht.

> Aristipp gibt uns hier einen denkwürdigen Satz mit auf den Weg: »Denn zu gebieten über die Lust und ihr nicht zu unterliegen, das ist wahrhaft preiswürdig, nicht sie sich zu versagen.«
> (*Antike Glückslehren*, S. 54)

Aristipp verwehrt sich gegen den Vorwurf, dass er ein Lüstling sei, mit einer sehr schönen Replique. Die große Kunst im Umgang mit der Lust ist nicht, sie sich zu entsagen, sondern sie zu steuern. Weder der Abstinenzler noch der, der sich von seiner Lust beherrschen lässt, verstehen etwas vom guten Leben. Der Abstinenzler nicht, weil er sich nichts gönnt, der, der von seiner Lust beherrscht wird, nicht, weil er von der Lust getrieben wird. Gut leben tun nach Aristipp die Menschen, die lustvoll genießen können, ohne Sklaven der Lust zu sein. Sie werden nicht von der blinden Gier getrieben, sondern sie bestimmen autonom, was und wie sie genießen möchten.

Für den Fall, dass Ihre familiäre Sozialisation Ihnen die Genussfreude vermiest hat, Sie aber doch spüren, dass etwas Genuss Ihrem Leben mehr Qualität verleihen würde, dann schauen Sie doch, ob Aristipps Begründung, weshalb die Lust gut und notwendig ist, Sie zu überzeugen vermag. Aristipp ging bei seiner Begründung, weshalb der Genuss zum guten Leben wesentlich dazugehört, von einer sehr einfachen und für jeden Menschen zu überprüfenden Tatsache aus: Jeder Mensch strebt nach lustvollen Dingen und vermeidet instinktiv das, was Unlust nach sich zieht, nämlich den Schmerz. Dieses Verhalten können wir schon bei kleinen Kindern erkennen. Wir Menschen sind lustzentrierte Wesen, die die Unlust meiden. Lust an sich ist nichts Negatives, auch wenn die christliche Doktrin immer wieder gegen die Lust polemisierte. Lust ist etwas Natürliches. Für Aristipp hatte sie wirklich etwas mit körperlich empfindbarer Lust zu tun. An der sinnlichen Lust fand er nichts Verwerfliches. Und doch hatte er bei der sinnlichen Lust nicht nur die Sexualität im Blick, sondern alles, was wir körperlich als angenehm empfinden.

Aristipp hatte aber noch einen weiteren guten Gedanken, was das wirkliche lustvolle Leben anbelangt. Er forderte uns auf, im Augenblick zu leben. Wir verschleudern viel zu viel Lebensenergie, indem wir uns um Vergangenes kümmern, auf das wir keinen Einfluss mehr haben, oder indem wir uns um Zukünftiges sorgen, das wir nur sehr bedingt beeinflussen können. Wir wissen heute aus der

Psychologie, dass die Vorfreude auf etwas oft noch stärker ist als das, worauf wir uns freuen. Es mag durchaus sinnvoll sein, die Verwirklichung manchen Genusses aufzuschieben, da wir dadurch einen längeren und intensiveren Genuss erleben können, doch das war nicht der Punkt, auf den Aristipp abhob. Ihm ging es darum, das Sensorium der Menschen dafür zu schulen, dass sie nur auf das Zugriff haben, was ihnen der Augenblick bietet. Wer aber nicht erkennt, was ihm der Augenblick an Lebenslust bereithält, wird immer einem Phantom hinterherjagen, da er auch in der Zukunft diese Lust nicht erkennen und genießen kann.

Dass sich die Lebenslust natürlich nicht ausschließlich im sinnlichen Genuss erschöpft, darauf wies Epikur hin, der unter anderem von der Lehre der Kyrenaiker beeinflusst war. Deshalb riet er seinen Anhängern und Anhängerinnen, ihre Lebensfreude nicht allein vom Genuss abhängig zu machen, sondern ihn, wenn er da ist, als etwas Schönes zu genießen, ihm aber auch nicht nachzuweinen, wenn er nicht mehr da ist. Und noch eine Einsicht hielt Epikur für das Erlangen eines genussvollen Lebens für unverzichtbar: Nicht jeder Genuss, dem wir nachgeben, macht uns glücklich. Das dritte Stück Sahnetorte mag uns im Moment des Verzehrs vielleicht noch begeistern, doch die Wahrscheinlichkeit, dass uns davon schlecht wird, ist hoch. Die Unlust, mit der wir in Form der Übelkeit zu kämpfen haben, steht dann in keinem Verhältnis mehr zur Lust des Verzehrs. Wie so oft im Leben entscheidet das rechte Maß über Wohl oder Unwohlsein. Auch Genießen ist eine Kunst, die gelernt sein will.

Laden Sie mal wieder ein paar nette Menschen ein, die Freude am guten Essen haben, und kochen Sie entweder etwas zusammen oder bekochen Sie diese. Sie können auch gemeinsam in ein gutes Restaurant gehen und sich verwöhnen lassen. Genießen Sie das Essen mit allen Sinnen und sprechen Sie ausgiebig darüber. Der gemeinsame Genuss erhöht den Lustfaktor.

Literatur:
Malte Hossenfelder (Hrsg. & Übers.): *Antike Glückslehren. Quellen zur hellenistischen Ethik in deutscher Übersetzung.* Stuttgart 1996, Kröner Verlag

Vom Lob der Freundschaft
Weshalb Freunde für unser Lebensglück so wichtig sind

Gemeinsam mit Freunden warf er seine Ersparnisse zusammen. Damit kauften sie sich am Stadtrand von Athen ein idyllisches Anwesen inmitten eines alten Olivenhains. »Kepos«, den Garten, nannten sie ihren Rückzugsort und über die Eingangstür schrieben sie die Worte: »Fremde, hier wird es euch wohlergehen. Denn unser höchstes Gut ist die Lust.« In dieser bunten Gemeinschaft von jungen und alten Menschen, Männern und Frauen lebte und philosophierte der Grieche Epikur. Vor mehr als 2000 Jahren war er bereits das, was wir heute einen Aussteiger nennen würden. Um Politik und Gesellschaft kümmerte er sich wenig.

Im Zentrum seiner Suche standen vielmehr das individuelle Lebensglück und das Seelenheil des Einzelnen. Und diese, so die Überzeugung Epikurs, seien einzig in der Lust zu finden. Er unterschied daher nicht in gute und schlechte Handlungen, sondern in solche, die Vergnügen mit sich bringen, und andere, die Schmerzen nach sich ziehen. Erstere solle man wählen, so sein praktischer Ratschlag, und Letztere meiden. Und würden wir ihn nun fragen, woraus wir denn das größte Vergnügen ziehen können, würde er wohl umgehend einen Lobgesang auf die Freundschaft anstimmen. Denn die Freundschaft war für Epikur das Kernstück eines guten Lebens, und er war davon überzeugt, »dass von allen Dingen, die die Weisheit zum glückseligen Leben zubereitet hat, nichts größer, reicher und lustvoller sei als die Freundschaft« (*Von der Überwindung der Furcht*, S. 100).

Bereits Epikur wertschätzte die Sicherheit und Stabilität, die gute Freunde einander geben können. Und in der heutigen Zeit, in der traditionelle Familienbande bröckeln, ist seine Idee einer Lebensgemeinschaft von Freunden, die miteinander durch die gleiche Weltanschauung und eine darauf gründende Lebenspraxis verbunden sind, aktueller denn je. Freundschaften sind nun mal stabiler, dauerhafter und weniger problematisch als alle anderen persönlichen Beziehungen. Anders als familiäre Bande beruht die Freundschaft auf Freiwilligkeit und wird auch nicht wie die erotische Liebe von impulsiven Gefühlen und Leidenschaften dominiert.

Um sich gegenseitig Unterstützung und Geborgenheit in unsicheren Zeiten und einer zunehmend anonymisierten Gesellschaft zu geben, bilden sich heute allerorten alternative Lebens- und Wohnprojekte von Menschen, die wie schon Epikur und seine Freunde ihr Glück in der Zurückgezogenheit auf dem Lande oder in idyllischen Wohnprojekten in der Stadt suchen. Gemeinsame Ziele und gemeinsames Handeln verbinden. Und so entstehen aus anfänglichen »Nutzenfreundschaften«, wie Aristoteles diese Beziehungen nannte, in denen Menschen einander praktische Lebenshilfe leisten, oftmals »wahre Freundschaften«. Letztere zeichnen sich dadurch aus, dass Sie ihren Zweck in sich selbst tragen und keinen Vorteil im anderen suchen. Es ist reine Freude und das Glück der Verbundenheit, die in der Anwesenheit des Freundes erfahren werden und die das eigene Leben bereichern. In seiner

Nikomachischen Ethik pries Aristoteles diese Freundschaft, die sich durch beidseitiges uneingeschränktes Wohlwollen auszeichnet, als die schönste aller Tugenden. Es ist, wie es die *Drei von der Tankstelle* in dem gleichnamigen UFA-Film von 1930 so fröhlich sangen: »Ein Freund, ein guter Freund, das ist der größte Schatz, den's gibt. Sonnige Welt! Wonnige Welt! Hast uns für immer zusammengestellt!«

> Halten Sie inne und fragen Sie sich: Wer verschönt mein Leben durch seine Freundschaft? Für wen empfinde ich uneingeschränktes Wohlwollen? Und an wen wende ich mich, wenn ich Rat oder Hilfe brauche?

Denn ja, es tut gut zu wissen, dass wir nicht alleine sind, dass jemand an unserer Seite steht und zu uns hält – in guten wie in schlechten Zeiten. Deshalb sind Freunde für unser Lebensglück so wichtig. Sie gehen mit uns durch dick und dünn, lachen und weinen mit uns über die Freuden und Kümmernisse des Lebens und weichen auch in schwierigen Zeiten nicht von unserer Seite. Sie sind der Balsam für die Wunden, die das Leben uns schlägt. Bei Ihnen finden wir immer ein offenes Ohr. Mit guten Freunden an unserer Seite sind wir für die Stürme des Lebens einfach besser gerüstet. Wissenschaftliche Forschungen belegen, dass Freunde nicht nur gut für unser seelisches Wohlbefinden, sondern auch gesund für unseren Körper sind. So ist der positive Einfluss von Freundschaften auf Herz-Kreislauf-Erkrankungen ebenso wie auf Depressionen wissenschaftlich nachgewiesen.

> Freundschaften sind wertvoll. Und sie wollen gepflegt werden. Fragen Sie sich einmal ehrlich, ob Sie Ihre Freunde mit der nötigen Aufmerksamkeit behandeln. Denn allzu oft nehmen wir gerade unsere alten und besten Freunde als selbstverständlich hin. Schreiben Sie heute eine Karte oder eine Mail an einen Freund, bei dem Sie sich schon länger melden wollten. Danken Sie einer Freundin für Ihren Beistand in einer schwierigen Zeit. Überlegen Sie, welcher Ihrer Freunde heute ein aufmunterndes Wort von Ihnen gut gebrauchen könnte.

Bei unseren Freunden können wir uns als der Mensch zeigen, der wir sind, mit all unseren Schwächen, Unsicherheiten und Ängsten. Wir müssen uns nicht verstellen, keine gute Laune vorschützen, wenn es uns schlecht geht und brauchen nicht ständig unsere Schokoladenseite nach außen kehren. Denn wie es der Arzt und Kabarettist Eckhart von Hirschhausen augenzwinkernd auf den Punkt brachte: »Freunde sind Menschen, die dich mögen, obwohl sie dich kennen.«

Und indem sie auch den Mut zur kritischen Reflexion haben, uns auf Fehler aufmerksam und die blinden Flecken liebevoll sichtbar machen, tragen sie maßgeblich zu Wachstum und Reifung der Seele auf dem Lebensweg bei.

Literatur:
Aristoteles: *Philosophische Schriften. Bd. 3, Nikomachische Ethik.* Hamburg 1995, Felix Meiner Verlag
Epikur: *Von der Überwindung der Furcht. Katechismus, Lehrbriefe, Spruchsammlung, Fragmente.* Zürich 1990, Artemis Verlag
Eckhart von Hirschhausen: *Glück kommt selten allein.* Reinbek 2011, rororo

Weniger ist mehr
Den geistigen Wohlstand vermehren

Als der kynische Philosoph Antisthenes einmal gefragt wurde, weshalb er sich so viel auf seinen Reichtum einbilde, wo er doch augenscheinlich überhaupt nichts besäße, antwortete er: »Ich schöpfe aus meinen seelischen Vorräten.« (*Die Weisheit der Hunde*, S. 63) Mehr oder weniger über alles, was der gutbürgerlichen athenischen Bildungsschicht heilig war, machten sich die Kyniker lustig, indem sie das Gegenteil taten. Dennoch schätzten die Athener sie als unabhängige Schiedsmänner, da sie ihr Urteil nur von Gerechtigkeit und nicht von Parteilichkeit bestimmen ließen. Als gute Sokratiker fühlten sie sich der Bedürfnislosigkeit und Selbsterkenntnis verbunden.

Auch uns täte heute etwas Selbsterkenntnis und Bedürfnislosigkeit gut. Stehen wir doch an einem Punkt, an dem wir erkennen müssten, dass die Wachstumsideologie, die Wohlstand an stetiges materielles Wachstum koppelt, uns an den Rand des globalen Kollaps gebracht hat. Denn mit dem Gedanken des stetigen wirtschaftlichen Wachstums ist eine Beschleunigung aller Lebensprozesse verknüpft, der wir körperlich oftmals nicht mehr gewachsen sind. Die ökologischen Folgen dieses ausschweifenden Lebensstils können wir immer häufiger beobachten.

Die Wurzel des Problems ist jedoch weder ein modernes noch ein westliches Phänomen. Sie ist so alt wie die Menschheit. Buddha nannte sie Gier, Platon »Pleonexie«, das Mehr-Haben-Wollen. Dieses Haben-Wollen hat auch eine gute Seite. Es treibt uns in einer gewissen Weise an.

Ohne diesen Impuls säßen wir wahrscheinlich immer noch in Höhlen ohne Feuer. Die negative Seite kennen wir jedoch zur Genüge. Die Gier wird immer unersättlicher, je mehr sie bekommt.

Wir leben in dem Irrglauben, wenn wir eine Begierde gestillt hätten, dann wäre Frieden im Haus, doch meist tritt genau das Gegenteil ein. Jede Begierde erzeugt immer schneller eine neue und größere. Der empfundene Mangel wird größer. Das ist einer der Gründe, weshalb gerade die Menschen, die schon sehr viel haben, immer unersättlicher werden und diejenigen, die wenig besitzen, meistens recht bescheidene Bedürfnisse haben.

Antisthenes würde jedem, der bemerkt, dass sein Streben nach immer neuen materiellen Dingen zu keiner echten, sprich dauerhaften Zufriedenheit führt, raten, etwas zu verändern und sich zur Abwechslung den geistigen Dingen zuzuwenden. Also den Dingen, die man nicht kaufen kann, die uns aber tief im Innersten befriedigen und glücklich machen.

> Überlegen Sie sich, was Ihre geistigen Schätze, Ihre Talente sind, kurz Ihr persönlicher seelischer Vorrat. Manchmal hilft es, sich bei der Suche zu vergegenwärtigen, wofür man von anderen geschätzt und gemocht wird.

Indem Antisthenes seinen Wohlstand nicht auf materiellen Besitz zurückführte – über den er offensichtlich sowieso nicht verfügte – sondern auf seinen seelischen Reichtum, wertete er Wohlstand um. Wahrer Wohlstand war für ihn also nicht das, was man an materiellen Gütern besitzt, sondern etwas Geistiges. Wenn Sie nun das Gefühl haben, das sei nichts weiter als die Vertröstung all jener, die es eben zu nichts bringen, dann befinden Sie sich in guter Gesellschaft. Denn diese Definition von Wohlstand löste bereits vor 2500 Jahren gewisse Irritationen aus. Und es ist unbestritten, dass sie auch zur billigen Vertröstung verwendet werden kann. Doch die griechischen Philosophen begründeten diese Haltung lebenspraktisch. Als der Philosoph Stilpon von Megara nach der Zerstörung seiner Heimatstadt, bei der er alles, außer seines Lebens verlustig gegangen war, gefragt wurde, wieso er denn angesichts dieses Verlustes so gelassen sein könne, antwortete er mit dem berühmten Satz: »Alles Meine trage ich bei mir.« Auf gut Deutsch, ich habe nichts verloren, weil die geistigen Güter, die ich besitze, durch nichts zerstört werden können.

Der geistige Besitz hat neben dem, dass er uns wirklich erfüllt, noch einen anderen Vorteil: Er ist unbegrenzt teilbar. Wer nach mehr Weisheit, mehr Güte, mehr Mitempfinden, mehr Glück, mehr Liebe, mehr Freundschaft, mehr Erkenntnis strebt, nimmt keinem anderen davon etwas weg. Im Gegenteil, je mehr Menschen nach diesen Gütern streben, desto besser werden die Lebensbedingungen für mehr und mehr Menschen. Befragt man Menschen auf der ganzen Welt, was ihnen wirklich wichtig ist, dann gibt es eine erstaunliche Übereinstimmung: Wir lieben es, Zeit mit den Menschen zu verbringen, die wir lieben und wertschätzen. Die mit unserer Familie und Freunden verbrachte Zeit ist eines der höchsten Glücksgüter und im Gegensatz zu materiellen Dingen nutzen sie sich nicht ab, wenn wir sie pflegen.

Der geistige Wohlstand hat noch eine weitere Wirkung, die der materielle nicht hat: Er strömt von sich aus auf andere Menschen über. Er drängt regelrecht danach, geteilt zu werden. Darauf verwies auch Antisthenes: »Ich selber will keinem etwas vorenthalten, sondern entfalte meinen Überfluss vor allen Freunden und lasse sie an meinem seelischen Reichtum teilhaben.« (*Die Weisheit der Hunde*, S. 64) Geteilte Freude ist tatsächlich doppelte Freude. Der geistige Wohlstand öffnet uns für andere. Der materielle Wohlstand hingegen will gesichert und bewahrt werden. Das geschieht durch Abgrenzung. Es ist hilfreich, sich in diese andere Bewertung des Wohlstands einzuüben, da sie durch die mächtige Gewohnheit des nach außen gerichteten Strebens immer wieder torpediert wird.

Antisthenes verwies noch auf zwei weitere Vorzüge des seelischen Wohlstands. Wer sich mit dem begnügt, was er hat, strebt nicht nach dem Besitz des Nächsten, da er keinen Mangel verspürt. Wir machen uns somit auch frei von Neid, der ja oft mit der Gier verbunden ist. Wir wollen etwas haben, was ein anderer hat. Und der andere große Vorteil des seelischen Wohlstands liegt darin, dass er Zeit schafft. Wer aussteigt aus dem Karussell des Mehr-Haben-Wollens hat mehr Zeit zur Verfügung für die Dinge, die wirklich bereichernd sind.

Die Alternativlosigkeit liegt also nicht in den Dingen, den Situationen oder der Welt da draußen, sondern in unserem Denken, das sich nicht vorstellen kann, die gewohnten Sichtweisen einfach einmal aufzugeben und anders auf die Dinge zu schauen.

> Machen Sie einmal die Probe aufs Exempel, wenn Sie mit etwas konfrontiert werden, das Sie für unveränderlich halten: Malen Sie sich ganz bewusst das Gegenteil davon aus. Bewegen Sie sich geistig in diesem neuen Möglichkeitsfeld. Spüren Sie, wie es sich anfühlt.

Antisthenes hatte den Mut, Alternativen zum vorgegebenen Denken zu suchen. Dieser brachte ihn mit einem Wohlstand in Berührung, der von außen vielleicht nicht erkennbar war, der ihn aber dennoch glücklicher machte, als es jeder materielle Besitz vermocht hätte.

> Um Ihren geistigen Reichtum zu erkennen, lohnt es sich, am Abend alles aufzuschreiben, womit Sie sich an diesem Tag beschenkt fühlten.

Literatur:
Malte Hossenfelder (Hrsg. & Übers.): *Antike Glückslehren. Quellen zur hellenistischen Ethik in deutscher Übersetzung.* Stuttgart 1996, Kröner Verlag
Georg Luck (Hrsg. & Übers.): *Die Weisheit der Hunde. Texte der antiken Kyniker.* Stuttgart 1997, Kröner Verlag

Die befreiende Kraft des Lachens
Warum Humor das Leben verzaubert

Der Humor hatte nie viel zu lachen in der klassischen Philosophie. Schon Platon fand ihn alles andere als lustig und verbannte ihn aus der Arena der Weisheit. Mit ihm betrat der Idealtyp des ernsten, ehrwürdigen Gelehrten die Bühne. Hätte er nicht immer wieder vereinzelt Fürsprecher gefunden, wäre der Humor der Philosophie wohl vollends verlustig gegangen. So unternahm Platons Schüler Aristoteles eine Ehrenrettung zu seinen Gunsten, indem er ihn als Charaktertugend in seine Tugendlehre aufnahm. Und der große Naturphilosoph Demokrit verfügte offenbar über ein so heiteres Gemüt, dass er der Nachwelt als der »lachende Philosoph« erhalten blieb. Platon ignorierte seinen klugen Zeitgenossen übrigens geflissentlich. Er lachte ihm wohl zu viel.

Der Humor galt fortan als ein unsteter und leichtlebiger Geselle, der sich mit seinem respektlosen Gelächter der Vernunft frech in den Weg stellt. Und ja, es stimmt ja auch: Der Humor ist der große Zauberkünstler unter den Tugenden. Mit einem Lachen, einem Witz verwandelt er Gefühle in Sekundenschnelle, löst Spannungen und Konflikte und befreit den Geist von schwermütigen Gedanken. Der Humor verleiht Flügel. Er hebt die Schwere und erfüllt sie mit Leichtigkeit.

Aufgrund seiner subversiven und befreienden Kraft wurde er von den Mächtigen dieser Welt immer schon gefürchtet. So flößte der unerschrockene Diogenes, dem wir bereits im ersten Kapitel beim Fässerrollen begegneten, mit seinem scharfen Humor sogar Alexander dem Großen Respekt ein.

Mittlerweile hat der Humor eine Rehabilitierung erfahren. Die moderne Psychologie wertschätzt ihn aufgrund seiner stimmungsaufhellenden Wirkung und auch die zeitgenössische Philosophie ist gewillt, die Verwandtschaft des Humors mit der Weisheit anzuerkennen. Denn Humor fördert Mut, Seelenstärke und Herzensgüte, er verleiht Zuversicht, heitere Gelassenheit und Lebensfreude und stattet uns damit mit den wichtigsten Ressourcen für ein gutes und gelingendes Leben aus. Es lohnt sich also durchaus, sich ernsthaft mit dem witzigen Gesellen zu befassen.

»Humor ist die Fähigkeit, heiter zu bleiben, wenn es ernst wird«, sagte einmal Nossrat Peseschkian, der Begründer der Positiven Psychotherapie. Er beinhaltet die Einsicht, dass wir das Leben nicht kontrollieren können, und stattet uns mit einer optimistischen Haltung dem gegenüber aus, was das Leben an Überraschungen für uns bereithält. Auch wenn es so wirken mag: Optimisten haben nicht weniger Probleme als Pessimisten. Sie nehmen diese nur nicht so ernst und finden daher häufiger zu kreativen Lösungen. Letztlich ist es doch eine Frage der Perspektive: Blicken wir wie gebannt auf die negativen und schwierigen Ereignisse einer Situation? Oder gelingt es uns, auch etwas Positives, Gewinnbringendes, vielleicht sogar Witziges darin zu erkennen? Je genauer wir hinsehen, desto deutlicher können wir auch Gelegenheiten für ein Schmunzeln, ein Kichern, ein herzhaftes Lachen in unseren Alltagskümmernissen finden.

Ein guter Witz zur rechten Zeit ist nicht nur erheiternd, sondern auch bewusstseinserweiternd. Er fügt der Situation eine neue Betrachtungsweise hinzu und fördert bislang noch nicht Gesehenes ans Licht. Durch die Veränderung des Blickwinkels gelangen wir zu neuen und oftmals überraschenden Einsichten. Die Verkrustungen unseres Geistes lösen sich und es kommt neue Bewegung in festgefahrene Sichtweisen und Strukturen.

»Jedes Ding hat drei Seiten: eine positive, eine negative und eine komische«, pflegte der Humorist Karl Valentin zu sagen. Versuchen Sie in den kommenden Tagen Ihren Blick gezielt auf die komische Seite der Dinge zu richten.

Eine Prise Humor verleiht uns einen liebevollen und gelassenen Blick auf das Leben. Er versöhnt uns mit den eigenen Schwächen und verleiht uns zugleich mehr Nachsicht für die Schwächen der anderen. Wir lernen, den Widrigkeiten des Lebens mit einem Schmunzeln zu begegnen. Und nehmen uns selbst nicht mehr so furchtbar wichtig. Wir beginnen zu verstehen, dass es Dinge im Leben gibt, die schmerzhaft sind, die wir aber trotzdem nicht ändern können, weil sie schlicht und ergreifend Bestandteil des Lebens sind. Und wir erfahren, dass wir diese Dinge mit einem Lachen besser bewältigen können, denn Lachen bändigt die Angst und lindert den Schmerz. Es ist der Humor, der uns die Kraft verleiht, das Leben trotz all seiner Schwierigkeiten und Kränkungen, die es uns zufügt, zu lieben.

> Auch wenn Ihnen vielleicht gerade nicht nach Lachen zumute ist: Nutzen Sie die befreiende und entspannende Kraft des Lachens. Der indische Begründer des Lachyogas, Dr. Madan Lataria, ist davon überzeugt, dass wir mit dem Lachen nicht warten müssen, bis wir glücklich sind, sondern dass wir durch das Lachen selbst glücklich werden. Lächeln Sie doch öfters mal wildfremden Menschen auf der Straße zu und ernten Sie deren freudige Überraschung. Scherzen Sie mit Menschen im alltäglichen Miteinander und erfreuen Sie sich am gemeinsamen Lachen.

Humor ist immer auch der Versuch, den Schrecken über die Unberechenbarkeit des Lebens zu bannen. Er stellt die Weigerung dar, sich von der Schwere des Lebens nach unten ziehen zu lassen. Anstatt uns über das, was wir sowieso nicht ändern können, zu erzürnen, zu verzagen oder zu verstummen, können wir uns ebenso gut für ein Lachen entscheiden. Genau darin liegt die therapeutische und heilsame Funktion des Humors, der bereits lange vor Entdeckung der Psychotherapie als eines der wirksamsten Heilmittel gegen die Schwermut galt. Dem Volksmund galt Humor von jeher als die beste Medizin, da er am wenigsten kostet und am sichersten hilft.

Die großen Narren brachten daher die Menschen zum Lachen, konfrontieren sie mit dem Abgründigen, hielten ihnen einen grotesken Spiegel vor, brachen Tabus, lachten lauthals über das, worauf kaum jemand zu blicken wagte, und trieben ihre Späße mit dem Tod. So antwortete Woody Allen auf seine Einstellung zum Tod befragt mit dem Bonmot: »Ich habe keine Angst vor dem Sterben, ich will nur nicht dabei sein, wenn es geschieht.« Mit seiner paradoxen Antwort machte der Komiker nicht nur unser aller heimlichen Wunsch öffentlich, dass der Tod uns verschonen möge, er nimmt diesem durch das befreiende Gelächter zugleich auch etwas von seinem Schrecken.

Und dann gibt es noch die Menschen, die selbst der Tragödie des eigenen Lebens einen Witz entreißen können und sich ihrem unabänderlichen Schicksal mit einem Scherz auf den Lippen entgegenstellen. »Die Woche fängt ja gut an«, sagte der legendäre Räuberhauptmann Schinderhannes, als er an einem Montagmorgen auf den Richtplatz geführt wurde. Galgenhumor nennt man diese Gabe, selbst noch in einer lebensbedrohlichen Situation ein komisches Element zu entdecken und damit seine innere Freiheit bis zum letzten Atemzug zu behaupten. Der Psychologe und Shoah-Überlebende Viktor Frankl bezeichnete diesen aus der Not geborenen Humor als die »Trotzmacht des Geistes« und der Psychoanalytiker Sigmund Freud bestätigt: »Der Humor ist nicht resigniert, er ist trotzig, er bedeutet nicht nur den Triumph des Ichs, sondern auch den des Lustprinzips, das sich hier gegen die Ungunst der realen Verhältnisse zu behaupten vermag.« *(Kleine Schriften I. Der Humor)*

Der Humor führt zugleich auch über das eigene Ich hinaus. »Der kürzeste Weg zwischen zwei Menschen ist ein Lächeln«, besagt ein chinesisches Sprichwort. Im gemeinsamen Lachen entstehen Herzensbeziehungen, es wachsen menschliche Verbundenheit und Empathie. Mit einem Lachen können wir andere anstecken und zu mehr Lebensfreude verführen. »Denn der ist von Natur aus Arzt, der andere erheitern kann«, wusste bereits unser lachender Philosoph Demokrit. Wohl jeder durfte schon einmal die Erfahrung machen, dass ein Problem an Bedrohung verlor, sobald wir gemeinsam mit anderen darüber lachten. Plötzlich erkannten wir: Vielleicht ist es gar nicht so schlimm, wie wir dachten.

Wer Humor hat, weiß sehr wohl um die Tiefe des Lebens. So erkannte der selbst zur Schwermut neigende Philosoph Arthur Schopenhauer: »Je mehr ein Mensch des ganzen Ernstes fähig ist, desto herzlicher kann er lachen.« *(Ich bin ein Mann, der Spaß versteht)* Ein solch herzlich lachender Mensch nimmt die Menschen ernst. Er macht sich nicht über sie lustig, sondern lacht gemeinsam mit ihnen über die Freuden und Kümmernisse, die das Leben für uns bereithält. Weise Menschen lachen oft und herzhaft mit anderen. Im gemeinsamen Lachen zeigt sich die Weite eines Herzens, das sich in Freud und Leid mit anderen Menschen verbunden weiß.

Nehmen Sie sich den Ratschlag des weisen Epikurs mit in Ihren Alltag: »Man muss gleichzeitig lachen und philosophieren und sein Haus verwal-

ten und alles übrige tun, was einem vertraut ist, und niemals aufhören die Worte der wahren Philosophie hören zu lassen.«
(*Von der Überwindung der Furcht*, S. 53)

Literatur:
Demokrit: *Die Vorsokratiker*. Stuttgart 1986, Reclam Verlag
Epikur: *Von der Überwindung der Furcht. Katechismus, Lehrbriefe, Spruchsammlung, Fragmente*. Zürich 1990, Artemis Verlag
Sigmund Freud: *Kleine Schriften I. Kapitel 29. Der Humor.*
Projekt Gutenberg.de
Arthur Schopenhauer: *Ich bin ein Mann, der Spaß versteht. Einsichten eines glücklichen Pessimisten*. München 2010, dtv

Denken hilft
Habe Mut, dich deines eigenen Verstandes zu bedienen!

Vielleicht kennen Sie diese Tage, an denen Sie das Gefühl haben, im falschen Film gelandet zu sein. Allen ist alles völlig klar, nur Ihnen erscheint das Klare und Offensichtliche, das, was alle tun, reichlich absurd. Da wir als soziale Wesen nicht gerne abseits der Gruppe stehen, neigen wir dazu, unsere Bedenken und Zweifel beiseitezuschieben und uns der Mehrheitsmeinung oder dem Verhalten der Mehrheit anzuschließen. Manchmal ist es unvermeidlich, oft jedoch auch nicht.

> Wenn Sie sich mit etwas konfrontiert sehen, das Sie nicht sofort verorten können, dann schieben Sie dieses Gefühl nicht gleich zur Seite, sondern gönnen Sie sich eine kurze Auszeit und analysieren Sie mit Neugier, was Sie befremdet oder verwundert.

Das Gefühl der Verwunderung nannten die alten Griechen »taumazein«. Es wird häufig mit »staunen« übersetzt, was aber nicht die volle Wucht des griechischen Wortes wiedergibt. Aristoteles erklärte in seiner *Metaphysik*, dass dieses Taumazein der Anfang aller Philosophie sei – den Gedanken hatte er nebenbei bemerkt von seinem Lehrer Platon übernommen. Der Anfang der Philosophie ist das Sich-Wundern deshalb, weil der Mensch zunächst über das ihm Unerklärliche, das ihm nicht verständlich oder einsichtig Erscheinende, stolpert.

> Wann haben Sie sich das letzte Mal wirklich richtig über etwas gewundert, das nicht Ihren Erwartungen entsprach? Wann sind Sie das letzte Mal mit mehr Fragen als Antworten konfrontiert gewesen? Und wie haben Sie diese Ratlosigkeit empfunden? War sie ein Ärgernis oder hatten Sie das Gefühl, dahinter könne etwas Tieferes verborgen liegen?

Das Sich-Wundern ist der Ausgangspunkt dafür, weitere Fragen zu stellen und den Dingen auf den Grund zu gehen. Wem alles klar ist, der stellt keine Fragen und bohrt nicht nach. Solange etwas wirklich verständlich ist, ist das auch kein Problem. Doch wir erleben es immer wieder, dass Dinge, Situationen und Ereignisse in Wirklichkeit weder klar noch stimmig sind. Aber weil sich alle daran gewöhnt haben, stellt niemand mehr das Unpassende infrage.

Wenn Sie sich über etwas zunächst Unverständliches wundern, tun Sie im besten Fall noch etwas anderes: Sie beginnen damit, eigenständig darüber nachzudenken, und machen sich auf die Suche nach einer Lösung. Eigenständig über etwas nachzudenken ist sicherlich eine der größten Fähigkeiten des Menschen, der wir viele große Entdeckungen verdanken. Nicht wenige bahnbrechende Erkenntnisse mussten sich gegen das Mainstreamdenken der vorherrschenden wissenschaftlichen Überzeugungen behaupten. Zum Glück endeten nicht alle für ihre Protagonisten so tragisch wie für den österreichisch-ungarischen Arzt Ignaz Semmelweis, der Mitte des 19. Jahrhunderts die Ursachen des Kindbettfiebers in der mangelhaften ärztlichen Hygiene erkannt hatte. Seine Ideen zur Hygiene standen in Widerspruch zu den damaligen Vorstellungen, wie Krankheiten entstehen. Semmelweis starb in der Psychiatrie, in die er von Kollegen zwangsweise eingewiesen wurde. Seine Theorie erwies sich posthum jedoch als wahr.

Aber nicht nur naturwissenschaftliche Entdeckungen verdanken sich dem Umstand, dass Menschen den Status quo infrage stellten. Gerade im Bereich sozialer und gesellschaftlicher Entwicklungen spielt das kritische Suchen und eigenständige Nachdenken eine ganz wichtige Rolle. So stellte die kynische Philosophin Hipparchia im alten Athen die tradierten Geschlechtermodelle, wonach Frauen im Haus zu sitzen hätten und nur die Männer im öffentlichen Raum wirken sollten, infrage. Als ein männlicher Kollege, den sie in einem Streitgespräch besiegt hatte, in aller Öffentlichkeit ihr Gewand hob, um sie als Frau bloßzustellen, reagierte sie nicht entsetzt oder betroffen, sondern entgegnete nur: »Ja, das bin ich, Theodoros, aber du darfst nicht glauben, dass meine Entscheidung, mich zu bilden, statt mein Leben am Webstuhl zu verbringen, falsch war.« (*Die Weisheit der Hunde,* S. 219) Die Kyniker folgten in ihrem Denken nicht einfach dem Mainstream, sondern bildeten sich ein eigenes Urteil. Hipparchia fand, dass Frauen genauso denken können wie Männer, was sie demonstriert hatte, und deshalb auch das Recht hätten, öffentlich zu sprechen.

Im Jahre 1784 veröffentlichte der berühmte Königsberger Philosoph Immanuel Kant einen Aufsatz, der den wegweisenden Titel *Beantwortung der Frage: Was ist Aufklärung?* trug. Darin schreibt er: »Aufklärung ist der Ausgang des Menschen aus seiner selbst verschuldeten Unmündigkeit. Unmündigkeit ist das Unvermögen, sich seines Verstandes ohne Leitung eines anderen zu bedienen. Selbstverschuldet ist diese Unmündigkeit, wenn die Ursache derselben nicht am Mangel des Verstandes, sondern der Entschließung und des Mutes liegt, sich seiner ohne Leitung eines anderen zu bedienen. Sapere aude! Habe Mut, dich deines eigenen Verstandes zu bedienen!« (*Werke,* Bd. 9, S. 53)

Kant ermutigte seine Zeitgenossen, sich nicht mit dem Alltäglichen und Offensichtlichen zufriedenzugeben, sondern dieses kritisch zu hinterfragen. Das braucht Mut, weil es nicht nur bedeutet, das Gewohnte infrage zu stellen, sondern damit zugleich auch die vermeintlichen Autoritäten. Daran hat sich in den letzten 200 Jahren nicht viel geändert. Wir Menschen scheinen leider Gewohnheitstiere zu sein, die oftmals den Weg des geringsten Widerstandes gehen. Dieser Weg mag bequem sein, führt aber selten zum guten Leben. Bequemlichkeit und Feigheit sind die beiden größten Hemmnisse für das selbstständige Denken, denn sie führen dazu, dass wir dieses an sogenannte Experten delegieren. Von Hannah Arendt, einer der ganz großen Denkerinnen des 20. Jahrhunderts, stammt der bemerkenswerte Satz: »Ich kann sehr wohl leben, ohne etwas zu tun. Aber ich kann nicht leben, ohne zumindest den Versuch zu machen, das Geschehene, was immer es sei, zu verstehen.« (*Ich will verstehen*, S. 75)

Auch wenn wir heute in einer Gesellschaft leben, die sich als Wissensgesellschaft definiert und von der das lebenslange Lernen propagiert wird, sind diese Gedanken noch längst nicht überholt, denn die Fähigkeit zum kritischen Denken hat nur sehr bedingt etwas mit Wissenserwerb zu tun. Wissen brauchen wir, um kompetent handeln zu können. Kritisches Denken hingegen befähigt uns, darüber nachzudenken, ob das, was wir tun und wie wir es tun, überhaupt sinnvoll ist. Das ist eine ganz andere Kompetenz, eine, die jedoch für die Gestaltung des eigenen Lebens unverzichtbar ist. Diese Form des Denkens können Sie an keinen Experten delegieren. Niemand kann für Sie denken, genauso wenig wie ein anderer für Sie atmen kann. Natürlich können und sollen wir auch Rat bei anderen Menschen suchen, insbesondere bei solchen, die mehr Erfahrung haben, doch dies heißt nicht, einfach andere Meinungen ungeprüft zu übernehmen.

Kritisches Denken hat damit zu tun, eingeschliffene Denkmuster zu erkennen und zu überwinden. Viele Lösungsstrategien greifen deshalb nicht, weil sie mit dem Denkmuster verwoben sind, das zum Problem geführt hat.

Albert Einstein erkannte sehr trefflich: »Probleme kann man niemals mit derselben Denkweise lösen, durch die sie entstanden sind.«

Literatur:
Hannah Arendt: *Ich will verstehen. Selbstauskünfte zu Leben und Werk.* München 2013, Piper Verlag
Immanuel Kant: *Werke. Bd. 9.* Darmstadt 1960, Wissenschaftliche Buchgesellschaft
Georg Luck (Hrsg. & Übers.): *Die Weisheit der Hunde, Texte der antiken Kyniker.* Stuttgart 1997, Kröner Verlag

Wer mit dem Wolf tanzt
Die Natur als Kraftort

»Ich zog in die Wälder, weil ich bewusst leben, mich nur mit den wesentlichen Dingen des Lebens auseinandersetzen und zusehen wollte, ob ich das nicht lernen konnte, was es mich zu lehren hatte, um nicht auf dem Sterbebett einsehen zu müssen, dass ich nicht gelebt hatte. Ich wollte nicht das Leben, was kein Leben war, denn das Leben ist so kostbar; noch wollte ich Entsagen üben, wenn es nicht unumgänglich nötig war. Ich wollte tief leben, alles Mark des Lebens aussaugen und so standhaft und spartanisch leben, um alles, was nicht Leben war, davonzujagen.« (*Walden*, S. 98)

Im Jahre 1845 beschloss der junge amerikanische Philosoph Henry David Thoreau in die Wälder zu ziehen. Er baute sich eine kleine Hütte an einem See namens Walden und begann sein zweijähriges Experiment: ein Leben fernab der Gesellschaft und in Einklang mit der Natur zu führen. Seinen Erfahrungsbericht vom Leben in der Wildnis nannte er *Walden. Ein Leben mit der Natur*. Es sollte zu einem der bedeutendsten Werke der amerikanischen Literatur werden und ist bis heute das Kultbuch für alternative Lebensformen.

Inmitten des Waldes und abseits der lärmenden Städte widmete er sich den elementaren Dingen des täglichen (Über)Lebens. »Jeder Morgen war eine freundliche Einladung, mein Leben so einfach, ja, ich möchte sagen, so unschuldig wie die Natur selbst zu gestalten.« Er buk sein Brot aus selbst angebautem Mais, sammelte Beeren, erntete Bohnen und Kartoffeln und tat vor allem eins: Er lebte in Harmonie mit der ihn umgebenden Natur. »Wie sollte ich nicht in Einklang mit der Natur leben? Bin ich denn nicht selbst zum Teil Blatt und Humus?« Hingerissen lauschte er dem Lied der Nachtschwalbe, selbstvergessen blickte er dem Flug des Fischadlers über dem See zu. Und erfuhr: »Die wahre Ernte meines täglichen Lebens ist etwas so Unfassliches und Unbeschreibliches wie das Morgen- und Abendlicht. Ich habe ein wenig Sternenstaub, ein Stückchen vom Regenbogen erhascht.« (*Walden*, S. 216)

Wann haben Sie zuletzt einen Sonnenaufgang miterlebt? Nehmen Sie sich vor, die Ankunft eines Tages ganz bewusst mitzuerleben. Wenn die Nacht weicht und die Dämmerung einsetzt, die Vögel ihren Morgengesang anstimmen und die Welt zu neuem Leben erwacht. Suchen Sie sich hierfür einen Ort in der Natur aus, an dem Sie ungestört sind, vielleicht an einem See, am Meer, vielleicht auch am Waldesrand oder auf einem offenen Feld. Lassen Sie Ihren Blick schweifen. Lauschen Sie auf die Geräusche des erwachenden Tages.

Der naturliebende Philosoph wurde Generationen von Menschen, die sich nach einem authentischen und naturverbundenen Leben sehnen, zum Vorbild. Schon zu Lebzeiten war er Teil einer idealistischen Bewegung, der auch sein Freund und Mentor, der Philosoph Ralph Waldo Emerson angehörte. Sie nannten sich die Transzendentalisten und traten für eine freiheitliche und naturzugewandte Lebensführung ein. Ihr erklärtes Ziel war es, zum Ursprünglichen in sich selbst und damit zu den natürlichen Wurzeln des Menschseins zurückzukehren. Sie kritisierten die Rastlosigkeit des modernen Lebens und die Entwurzelung des Menschen in der Massengesellschaft. Von ihnen gingen wesentliche Impulse für die Bürgerrechts-, Frauen- und Naturschutzbewegung aus, die bis heute nachwirken. Beeinflusst von der Naturphilosophie Immanuel Kants und Friedrich Wilhelm Schellings erachteten die Transzendentalisten den Kosmos als einen dynamischen Organismus, in dem alles im ständigen Entstehen und alles zugleich Teil von allem ist. Die menschliche Bewusstseinsentwicklung ist in diesem auf das Engste mit dem Wirken der Natur verbunden. »In den Wäldern kehren wir zur Vernunft und zum Glauben zurück«, schreibt Emerson (*Natur*, S. 16). Dahinter steht die Überzeugung, dass dem Menschen in der Betrachtung der Natur sein eigenes Wesen offenbart wird: »In der ruhigen Landschaft, und besonders in der weit entfernten Linie am Horizont, erblickt der Mensch etwas, das so schön ist wie seine eigene Natur. Die größte Wohltat, die uns Felder und Wälder gewähren, ist die Idee einer geheimen Verwandtschaft zwischen dem Menschen und der Pflanzenwelt.« (*Natur*, S. 17)

> Oft finden wir die Antworten auf die wichtigen Fragen unseres Lebens in der Natur. Weshalb also brechen Sie nicht mal wieder zu einer Wanderung auf? Nehmen Sie sich dabei eine zentrale Frage Ihres Lebens mit auf den Weg. Stellen Sie sich beim Laufen immer wieder dieser Frage und hören Sie, welche Antworten während des Laufens in Ihnen entstehen.

Was bereits den Philosophen des 19. Jahrhunderts so wichtig erschien, ist für uns heute noch weit wichtiger geworden. Denn unsere Welt ist um ein Vielfaches lauter und schneller geworden. Und wer sehnt sich nicht nach einem abgeschiedenen Ort, an dem wir in Einklang mit der Weisheit der Natur leben könnten? An dem wir wieder eins werden könnten mit dem natürlichen Kreislauf des Lebens? Einem Ort, an dem wir das schmerzhafte Gefühl der Trennung und Entfremdung überwinden und uns wieder verzaubern lassen könnten von der Welt? Denn das ist es doch, was wir in der Natur erfahren: Dass wir wieder in Berührung kommen mit dem Wesentlichen und Zugang erhalten zu dem, was im hektischen und lärmenden Alltag so oft verschüttet ist. Großzügig stellt uns die Natur hierfür ein Refugium der Stille zur Verfügung, in dem wir Einkehr halten können bei uns selbst. Hier gelangen wir zu einem tieferen Verständnis unseres Seins. Wir kommen zur Ruhe, und die Stille legt sich wie Balsam auf unsere gestressten Seelen: »Ahme den Gang der Natur nach. Ihr Geheimnis ist Geduld«, rät Emerson.

»In der Natur durchströmt den Menschen wunderliches Wohlbehagen trotz all seiner Sorgen. Die Natur spricht – er ist mein Geschöpf, und trotz all des bedrängenden Kummers soll er mit mir glücklich sein.« (*Natur*, S. 15) Die Natur spendet Trost, in ihrer Mitte verlieren unsere Sorgen an Größe und Bedeutung. Wenn wir zu den Sternen aufblicken, dem endlosen Wellenschlag des Meeres zusehen, rückt sich die Bedeutung der Dinge, die uns bis dahin so wichtig und belastend erschienen, von selbst ins rechte Licht. Zumal der Aufenthalt in der unbezähmbaren Natur uns den Zugang zu unserer natürlichen Kraft und einer elementaren Ursprünglichkeit gewährt. »Auch streift der Mensch in den Wäldern seine Jahre ab wie die Schlange ihre Haut und ist, in welchem Jahre seines Lebens er auch stehen mag, doch immer ein Kind. In den Wäldern ist immerwährende Jugend«, schreibt Emerson daher überschwänglich.

Für ihn ebenso wie für seinen philosophischen Weggefährten Thoreau offenbart sich in der Natur die Präsenz Gottes. Die Natur wird damit zum eigentlichen religiösen Kultraum. In seiner Hütte im Wald spürte der Einsiedler Thoreau das Wirken Gottes in allem, in jedem keimenden Blatt, jedem Regentropfen, im Gesang der Vögel ebenso wie dem Grollen des Donners und kam zu der Erkenntnis: »Die Natur ist voller Genie, voller Göttlichkeit, sodass nicht eine Schneeflocke ihrer formenden Hand entkommt.« (*Leben aus den Wurzeln*, S. 68) Und Ralph Waldo Emerson gibt dieser Erfahrung der Eingebundenheit mit seinen Worten Ausdruck: »Ich werde zu einem durchsichtigen Augapfel; ich bin nichts; ich sehe alles; die Ströme des universellen Wesens durchwogen mich; ich bin ein Teil oder Splitter Gottes.« (*Natur*, S. 16)

Literatur:
Ralph Waldo Emerson: *Natur.* Zürich 1991, Diogenes Verlag
Henry David Thoreau: *Walden. Ein Leben mit der Natur.* Hamburg 1999, dtv
Henry David Thoreau: *Leben aus den Wurzeln.* Freiburg 1997, Herder

KAPITEL 3

»ICH ERWACHE, UM ALS MENSCH ZU WIRKEN«

(Marc Aurel)

DAS LEBEN GESTALTEN

Das Glück liegt in deinen Händen!
Worauf wir Einfluss nehmen können

»Nicht die Dinge selbst beunruhigen die Menschen, sondern ihre Meinungen und Urteile über die Dinge.« (*Handbüchlein der Moral*, S. 11) Dieser scheinbar so schlichte Satz des stoischen Philosophen Epiktet ist einer der wichtigsten Schlüssel, der die Tür zu einem guten Leben öffnet. Er legt die Gestaltung unseres Lebens in unsere Hände. Auch wenn ihm die Erkenntnis zugrunde liegt, dass wir auf die Ereignisse und auf alles, was uns widerfährt, wie sehr wir uns auch anstrengen, nur einen sehr beschränkten Einfluss haben.

Ja, oftmals müssen wir feststellen, je mehr wir unser Leben planen, durchorganisieren und gegen widrige Einflüsse abzusichern versuchen, desto anfälliger wird es. Es wird fragil. Vor dieser Fragilität können wir uns nicht schützen, so sehr wir es auch versuchen. Nassim Nicholas Taleb, ein in den USA lebender Essayist und Finanzanalyst, spricht davon, dass wir mehr Antifragilität benötigen. Mit Antifragilität meint er, dass Systeme selbstregulative Widerstandskräfte haben, die nicht von außen hergestellt werden können, diese jedoch vor dem Kollaps bewahren. Diese Antifragilität erreichen wir nicht durch mehr Absicherung und Planung, sondern durch das genaue Gegenteil. Weniger ist mehr! Wir müssen den Dingen wieder ihren eigenen Lauf lassen.

Bei Epiktet finden wir die Aufforderung: »Verlange nicht, dass das, was geschieht, so geschieht, wie du es wünschst, sondern wünsche, dass es so geschieht, wie es geschieht und dein Leben wird heiter dahinströmen.« (*Handbüchlein der Moral*, S. 14)

Wer in den Strom des Lebens einsteigt und mit ihm fließt, verbraucht deutlich weniger Energie als derjenige, der dagegenschwimmt. Epiktet redet hier natürlich nicht einem Geist das Wort, der sich einfach immer an die Mehrheitsmeinung anpasst, sondern einer Haltung, die sich auf das Leben und seine Prozesse einlassen kann. Damit erinnert er sehr an die taoistische Weisheit Chinas, die das gute Leben auch darin sieht, nicht in den Widerstand gegen die Dinge zu treten, sondern sich in den Lauf des Lebens einzupassen.

Doch Epiktet verweist in seinem eingangs zitierten Satz noch auf eine andere wichtige Sache. Wir haben zwar auf die Ereignisse und Dinge, die uns widerfahren, wenig Einfluss, wohl aber auf unsere Überzeugungen und Meinungen über diese Ereignisse und Dinge. Normalerweise gehen wir davon aus, dass ein Ereignis oder etwas, was uns widerfährt, Emotionen in uns auslöst. Wenn wir etwas als unangenehm erleben, meinen wir, die Sache oder das Ereignis selbst wären unangenehm. Dass ist jedoch ein falscher, mitunter gar fataler Zirkelschluss. Denn nicht die Sache oder das Ereignis selbst löst diese Emotion aus, sondern unsere Bewertung darüber. Wenn das Ereignis oder die Sache selbst die Ursache der emotionalen Befindlichkeit wären, dann müssten alle Menschen alles gleich bewerten und empfinden, doch das trifft ganz offensichtlich nicht zu. »Des einen Freud, des anderen Leid«, sagt der Volksmund völlig treffend.

Nehmen wir einmal an, Sie hätten Angst vor Hunden.

Sobald Sie einem Hund begegnen, spüren Sie, wie die Angst in Ihnen aufsteigt. Ihre Schlussfolgerung ist, dass Hunde etwas Gefährliches sind, denn Sie erleben Ihre Angst ja ganz konkret bei der Begegnung. Ihr individuelles Erleben wird zum Beweis für die Stimmigkeit der Überzeugung, dass Hunde an sich gefährlich sind. Doch meist ist nicht der Hund an sich, sondern Ihre Meinung über ihn angsterzeugend. Und das ist ein sehr großer Unterschied. Den Hund können Sie nämlich nicht weghexen, wenn er Ihnen begegnet, Ihre Überzeugung, dass alle Hunde per se gefährlich sind, können Sie jedoch verändern. Was aber bedeutet dies im Hinblick auf ein gutes Leben?

Denken Sie an eine Situation, die Unbehagen, Angst oder Sorge in Ihnen erzeugt. Vergegenwärtigen Sie sich jemanden, der auf diese Situation gänzlich anders reagiert, der sich ohne Angst oder Sorge dieser Situation stellt. Was können Sie davon lernen? Könnten auch Sie sich andere Sichtweisen auf diese Situation eröffnen? Darin vielleicht sogar eine Herausforderung, eine Chance erkennen, etwas Neues zu erfahren? Machen Sie sich bewusst: Je mehr Perspektiven Sie sich eröffnen, desto mehr Handlungsoptionen haben Sie letztlich.

Epiktet hält einen lebenspraktischen Ratschlag bereit, wie wir mit diesen unseren Bewertungen umgehen sollen: »Bemühe dich daher, jedem ärgerlichen Eindruck sofort entgegenzuhalten: ›Du bist nur ein Eindruck, und ganz und gar nicht das, was du zu sein scheinst.‹ Dann prüfe und begutachte den Eindruck nach den Regeln, die du kennst, vor allem nach der ersten Regel, ob der Eindruck zu tun hat mit den Dingen, über die wir gebieten oder nicht gebieten, und wenn er mit etwas zu tun hat, über das wir nicht gebieten, dann habe die Antwort zur Hand: ›Es geht mich nichts an.‹« (*Handbüchlein der Moral*, S. 8)

Ganz entscheidend ist also die Unterscheidung zwischen dem, was in unserer Gewalt liegt, und dem, was nicht unserer Gewalt unterworfen ist. Alles, was in unserer Macht liegt, ist das, worauf wir wirklich Einfluss nehmen können, und das sind unsere Überzeugungen, Konzepte, Gewohnheiten, Meinungen. Alles andere können wir nur sehr bedingt steuern. Ob die Firma, in der Sie arbeiten, in Konkurs geht oder nicht, liegt selten in Ihren Händen, auch auf das Wetter oder die Börsenkurse haben Sie keinen Einfluss. Ob Sie sich vom Wetter oder den Börsenkursen jedoch den Tag verderben lassen, das liegt ganz allein in Ihrer Hand.

Sobald wir versuchen, das zu beeinflussen, was nicht unserer Gewalt unterliegt, ist das Problem vorprogrammiert. Epiktet hält hier ein einfaches, aber wirkungsvolles Mantra bereit, das wir uns an dieser Stelle immer bewusst machen können. Es lautet schlicht und ergreifend: »Es geht mich nichts an!« Wenn Epiktet seinen Hörern diesen Satz ans Herz legt, um ihn sich innerlich zu vergegenwärtigen, dann hat das nichts mit einer »Mir-ist-alles-egal-Haltung« zu tun, sondern mit Seelenhygiene. Wer seine Energie nur auf das verwendet, was er beeinflussen kann, wird deutlich mehr Erfolg haben und deshalb auch zufriedener sein. Diese Zufriedenheit ist wesentlicher Bestandteil eines guten Lebens.

Aber nicht nur für das eigene Leben, sondern auch für den Umgang mit anderen ist es wichtig sich bewusst zu werden, dass unsere Urteile nicht einfach von den äußeren Dingen abgeleitet werden können, sondern dass sie fast immer unsere subjektiven Bewertungen beinhalten, die sehr willkürlich sein können.

> Der lebenspraktische Epiktet rät daher: »Es wäscht sich jemand eilig. Sag nicht: er wäscht sich schlecht, sondern: er wäscht sich eilig. Es trinkt jemand viel Wein. Sag nicht: das ist schlecht, sondern: er trinkt viel. Denn bevor du den Grund seiner Handlungsweise durchschaust – woher weißt du denn, ob er schlecht handelt? So wird es dir nicht passieren, dass du von einigen Dingen untrügliche Sinneseindrücke gewinnst, andern aber voreilig deine Zustimmung gibst.«
> (*Handbüchlein der Moral*, S. 48 f.)

Da wir weder die Beweggründe noch die Absichten eines anderen Menschen kennen können, sollten wir uns mit abschließenden Bewertungen sehr zurückhalten, da es eben oftmals nur unsere eigenen Überzeugungen sind, die wir zum Besten geben. Die meisten unserer zwischenmenschlichen Konflikte gründen darin, dass wir nicht die

Sache bewerten, sondern das, was wir darüber denken. Nur wenn wir uns dessen bewusst sind, sind wir in der Lage, in der Begegnung mit einem anderen Menschen unsere Meinung hinten anzustellen und dem anderen den Raum zu geben, den er verdient.

Literatur:
Epiktet: *Handbüchlein der Moral.* Stuttgart 2008, Reclam

Das Schicksal meistern
Wie wir eine positive Geisteshaltung einüben können

»Ich bin der Meister meines Schicksals. Ich bin der Kapitän meiner Seele«, schrieb William Ernest Henley 1875 in seinem Gedicht *Unbezwungen* (im englischen Original: *Invictus*). Der englische Schriftsteller schrieb diese Zeilen, um sich in einer lebensbedrohlichen Krise selbst Mut zu machen. 100 Jahre später unterstützte das Gedicht den südafrikanischen Bürgerrechtler Nelson Mandela erklärtermaßen darin, während seiner langen Gefängnisjahre den Mut nicht zu verlieren. Ebenso wie der große Nationalheld Südafrikas berichten Menschen immer wieder davon, dass es die Zeilen eines Gedichts oder eines philosophischen Lehrsatzes waren, die ihnen in schweren Zeiten die Kraft gaben, ihr Schicksal zu meistern.

Dass wir unseren Geist ebenso wie unsere Muskeln trainieren können und dass wir positive Überzeugungen gerade in schwierigen Lebenssituationen kultivieren sollten, war bereits den antiken Philosophen bekannt. Pythagoras, der vor mehr als 2500 Jahren das war, was wir heute wohl einen Guru nennen würden, entwickelte hierfür eine Methode der geistigen Erbauung. Der Grieche war nicht nur ein mathematisches Genie, dessen Lehrsatz Schüler bis zum heutigen Tage fast im Schlaf aufsagen können, er war auch eine weise und charismatische Führungspersönlichkeit, der seinen zahlreichen Anhängern eine disziplinierte, bescheidene und ethische Lebensführung lehrte. In deren Zentrum standen körperliche und geistige Ertüchtigung. Für Letztere entwickelte Pythagoras kurze und eindrückliche Lehrsätze, die uns heute als die *Goldenen Verse* überliefert sind. Seine Anhänger, so heißt es, hätten diese Lebensregeln täglich rezitiert und durch häufige Wiederholung, dem sogenannten »Memorisieren«, tief in sich verankert. Dies diente dazu, den Geist durch positive Motivation von negativen Gedanken zu reinigen. »Psychohygiene« nennt dies die zeitgenössische Psychologie – eine ausgesprochen effektive Methode, wie uns die moderne Hirnforschung bestätigt. Denn aufgrund der sogenannten Neuroplastizität, der Formbarkeit unseres Gehirns, ist es möglich, negative Verschaltungen mit neuen positiven Erfahrungen zu überschreiben, pessimistische Glaubenssätze mit optimistischen zu ersetzen und kritische innere Stimmen durch zuversichtliche zu erneuern. Auch wenn die antiken Philosophen noch nicht wissen konnten, wie genau dies im Gehirn funktioniert, so wussten sie doch, dass es funktioniert. Und sie stellten den Menschen durch geistige Selbsterbauung, durch lebenspraktische Unterweisungen und die Einübung guter Gewohnheiten das geistige Handwerkszeug für ein gelingendes Leben zur Verfügung. Durch die Lektüre sowie das anschließende Anwenden, Einüben und Habitualisieren dieser Methoden erhielten die Menschen wichtige Inspirationen, um ihr Leben glücklicher zu gestalten.

Erstellen Sie sich Ihr eigenes kleines Handbuch positiver Lehrsätze, in das Sie sich motivierende und stärkende Zitate eintragen. Es lohnt sich, diese

> immer wieder zu lesen und vielleicht auch einige
> auswendig zu lernen, damit Sie diese immer und
> überall gegenwärtig haben und sich gerade in
> schwierigen Momenten daran erinnern können.
> Vielleicht hängen Sie einige der Zitate an einen Ort,
> wo Sie diese täglich sehen können. Dies dient der
> Verinnerlichung positiver Grundsätze.

Jeder von uns macht sich ein bestimmtes Bild von der Welt. Doch genau das vergessen wir immer wieder und glauben, dass unsere Interpretation der Welt richtig und allgemeingültig wäre. Wir übersehen dabei, dass sie gespeist ist von den eigenen Erfahrungen und den daraus gezogenen Schlussfolgerungen und Interpretationen. Immanuel Kant, der bedeutendste Philosoph der Aufklärung, machte unmissverständlich deutlich, dass alles, was erkannt wird, von dem abhängig ist, der es erkennt. Der Erkennende konstruiert somit das Erkannte. Wir sehen die Wirklichkeit daher nie so, wie sie ist, sondern nur in der Gestalt, in der sie uns vertraut ist. Von der Welt sehen wir also immer nur unsere eigene Vorstellung. Und genau das ist es, was letztlich unser Schicksal ausmacht. Wer sich die Grundlagen für ein gutes und glückliches Leben schaffen will, tut deshalb gut daran, die eigenen Grundannahmen erst einmal zu erkennen und sich zu fragen: Welche meiner Überzeugungen tun mir gut und münden in erfolgsversprechendes Verhalten? Und welche treiben mein Unglück voran und bedingen mein Leiden an der Welt? Bereits Sokrates war von dem engen Zusammenhang zwischen dem, woran der Mensch glaubt und seiner geistigen und körperlichen Gesundheit überzeugt. Deswegen ging er auf den Marktplatz und stellte durch sein beharrliches Nachfragen die Überzeugungen seiner Mitbürger immer wieder auf den Prüfstand. Er wusste: Erst wenn wir alte und eingefahrene Überzeugungen loslassen, können wir Platz schaffen für Neues.

Pythagoras empfahl in seinen *Goldenen Versen* die folgende Reflexion, um die eigenen Überzeugungen und Handlungen auf den Prüfstand zu stellen:

»Auch soll der Schlaf dir die müden Augen nicht schließen, bevor du dir über jede Handlung des Tages dreimal Rechenschaft gegeben.
Habe ich Unrecht getan?
Was habe ich mit Liebe erfüllt?
Was habe ich versäumt?
Beginnend beim Wichtigsten, gehe alles in Gedanken durch; dann aber bekämpfe in dir, was Ungutes du getan, war es aber gut, so freue dich darüber.
Aus freiem Willen bemühe dich, aus freiem Willen übe sorgfältig.
All dies sollst du in Liebe pflegen.«
(*Die goldenen Verse des Pythagoras*, S. 20)

Wie aber können wir diesen Willen stärken und negative Glaubenssätze, die unser Denken formen und unser Verhalten bestimmen, auflösen? Wie können wir eingeschliffene Gewohnheiten und fast automatisch ablaufende Reaktionen ändern, die uns nicht guttun? Die moderne Neuropsychologie bietet darauf nicht nur Antworten, sondern stellt zugleich effektive Instrumente zur Verfügung. So entwickelte der buddhistische Neuropsychologe Rick Hanson Methoden, wie wir eine positive Geisteshaltung einüben können. Da unser Gehirn über eine ausgeprägte Negativitätstendenz verfügt und negative Erfahrungen weit schneller verankert als positive, braucht es unsere bewusste Unterstützung, um positive Geisteszustände zu fördern. Es geht also darum, positive Erfahrungen zu stärken, um die negativen dadurch in den Hintergrund treten zu lassen. Um positive Strukturen im Gehirn aufzubauen, empfiehlt der Neuropsychologe den folgenden Dreischritt: eine positive Erfahrung machen, sie anreichern und dann tief in sich verankern. Es ist wie beim Feuermachen, erklärt Hanson: Erst zündet man das Feuer an, dann legt man Holz auf das Feuer, damit es gut brennt, und schließlich wärmt man sich am Feuer. Indem wir unserem Gehirn einen Fokus auf das Positive und Schöne geben, können wir die vielen schönen und doch flüchtigen Erlebnisse, die wir sonst unbemerkt an uns vorbeiziehen ließen, zum Anlass der Freude nehmen. So können wir unser Gehirn bewusst formen und unseren Synapsen mehr Glück und Zufriedenheit einpflanzen. Durch die dauerhafte Verankerung von Glücksspuren in unserem Gehirn entwickeln wir langfristig eine optimistische Sichtweise auf die Welt, die uns gerade in schweren Zeiten entscheidend unterstützen kann.

Beginnen Sie noch heute damit, sich eine Schatztruhe positiver Sinneserfahrungen anzulegen. Zum Einüben empfiehlt sich ein Spaziergang durch die Natur. Nehmen Sie dabei alles um sich herum ganz bewusst wahr. Stellen Sie wie eine Antenne Ihre Sinne auf Empfang. Atmen Sie tief ein und aus. Lauschen Sie dem Vogelgesang, dem Rauschen der Blätter, dem Kinderlachen in der Ferne. Nehmen Sie wie eine Fotokamera alle schönen Eindrücke um Sie herum auf, blicken Sie auf das Grün der Blätter, die farbenprächtigen Blumen, den Himmel in seinen vielfältigen Schattierungen. Nehmen Sie die Gerüche der Jahreszeiten wahr. Spüren Sie, wie rau sich die Rinde eines Baumes anfühlt und wie zart das Gras unter Ihren Füßen ist. Die Intensität und Dauer der Sinneserfahrungen sind wichtig, um sie sich einzuprägen. Der Neuropsychologe Rick Hanson empfiehlt hierfür mindestens 20 Sekunden, um eine Sinneserfahrung ganz intensiv aufzunehmen. Dann können sich diese als Glücksspuren unserem Gehirn einprägen, und Sie können diese später jederzeit wieder aktivieren.

Literatur:
Rick Hanson: *Denken wie ein Buddha. Gelassenheit und innere Stärke durch Achtsamkeit.* München 2013, Irisiana Verlag
Immanuel Kant: *Kritik der reinen Vernunft,* in: *Werke,* Bd. 3 & 4. Darmstadt 1960, Wissenschaftliche Buchgesellschaft
Pythagoras: *Die goldenen Verse des Pythagoras.* Heilbronn 2001, Verlag Heilbronn

Alles hat seine Zeit
Die Gelegenheit beim Schopf packen

Wir leben heute in einer Welt, in der Zeit Geld ist und alles am besten sofort passieren soll. Die Bereitschaft zu warten und sich in Geduld zu üben, sind nicht unbedingt Tugenden, die die moderne Gesellschaft pflegt und kultiviert. Entscheidungen müssen binnen Sekunden gefällt werden. Diese Tendenz zur Beschleunigung hängt unter anderem auch mit unseren technischen Entwicklungen, insbesondere im Bereich der Telekommunikation, zusammen. Sie beschleunigen den Prozess der Rastlosigkeit noch mehr. Konnte man früher in Ruhe über ein Problem, eine Anfrage, ein Angebot nachdenken und eine Nacht darüber schlafen, so wird in Zeiten von Mails und WhatsApp erwartet, dass wir sofort reagieren. Es gibt keine Zeit mehr, in der ein Gedanke reifen kann, keine Zeit des Abwägens. Dass diese Form, Entscheidungen zu treffen, nicht immer der Qualität einer Sache zuträglich ist, ist kaum verwunderlich.

Wer einen Garten bestellt, der weiß um die Notwendigkeit des Reifens. Obst und Gemüse wachsen und dieser Prozess braucht Zeit. Die Vorstellung, dass alles im Leben seine Zeit braucht, die nicht beschleunigt werden kann, betonten die Philosophen des Abend- und des Morgenlandes. So heißt es in China: »Der Weise kennt keine Hast, und der Hastende ist nicht weise.« Von dieser Warte aus betrachtet, ist unsere Kultur Lichtjahre von der Weisheit entfernt. Wir hasten von Ort zu Ort, von Ereignis zu Ereignis. Wir sind rastlos auf der Suche nach dem Echten und

Tiefen, doch wir halten es nicht aus, diesem Raum und Zeit zur Entfaltung zu geben. Alles muss sofort greifbar und verfügbar sein.

Dennoch können wir die Früchte unseres Tuns und unserer Anstrengungen nicht immer sofort in den Händen halten. Bestimmte Dinge im Leben lassen sich nicht erzwingen. Ein afrikanisches Sprichwort beschreibt dies sehr schön: »Das Gras wächst nicht schneller, wenn man daran zieht.« Wenn der Mensch versucht, in diesen Ablauf einzugreifen und ihn zu beschleunigen, wird er nicht wirklich erfolgreich sein. Ja, manches wird er dadurch sogar verhindern und zerstören.

Vielleicht haben Sie in Ihrem Leben schon die Erfahrung gemacht, dass bestimmte Dinge nicht funktionieren, so sehr Sie sich auch bemühen. Das kann sich manchmal über Jahre hinziehen. Egal wie man es anpackt, es bewegt sich scheinbar nichts. Ja, es scheint sogar so, dass das Mehr an Energie, das man auf die Sache verwendet, zu einer Art Umkehrschub führt. Es passiert immer weniger. Alles ist blockiert und starr. Nicht selten belässt man es dabei und wendet sich etwas anderem zu, weil man nicht mehr an den Erfolg des Projektes glaubt. Und auf einmal realisiert es sich wie von alleine mit einer nie gekannten Leichtigkeit. Nun ist der richtige Zeitpunkt. Auch manch große Erfindung entstand erst, als der Erfinder sich geistig von seiner Idee verabschiedet hatte, weil er nicht mehr weiterkam. Und auf einmal war die entscheidende Idee und das Wissen vorhanden. Vom Entdecker des chemischen Periodensystems, dem russischen Chemiker Dimitrij Mendelejew wird berichtet, er habe sich schon einige Zeit mit der Frage der Verortung der chemischen Elemente befasst, doch habe er keinen wirklichen Zusammenhang erkennen können. Bis er eines Nachts einen Traum hatte, in dem sich alle Elemente klar zusammenfügten. Das Periodensystem war geboren.

Es ist aber nicht nur so, dass Dinge Zeit brauchen, um zu reifen, manchmal braucht es auch die richtige Zeit, dass etwas gelingen kann. Berühmt ist der Ausspruch des Pittakos von Lesbos, der zu den Sieben Weisen der Antike zählt: »Erkenne die rechte Zeit!« Womit er den rechten Zeitpunkt meinte. Die alten Griechen nannten diesen richtigen Zeitpunkt Kairos. Der richtige, d.h. günstige Kairos war ihnen so wichtig, dass sie ihn sogar als Gottheit verehrten. Sie stellten ihn als kahl geschorenen Gott dar, der nur einen Haarschopf hatte. Diesen Schopf galt es schnell zu packen. Deshalb packen wir heute noch immer eine Gelegenheit beim Schopf.

Im Gegensatz zu Chronos, dem Gott der messbaren Zeit, kommt man dem Kairos nicht mit Messinstrumenten bei. Kairos unterscheidet sich von Chronos, der Zeit, die einfach läuft und das Leben, die Tage, das Jahr strukturiert. Auch Chronos ist eine Gottheit, doch anders als der günstige Zeitpunkt, den zu erfassen es als Kunst gilt, ist Chronos immer erkennbar und erfahrbar.

Bereits in Homers großer Dichtung *Ilias*, wo der zehnjährige Kampf der Griechen gegen Troja besungen wird, der mit der Niederlage Trojas endet, geht es um den rechten Kairos. Zunächst bedeutete Kairos die richtige Stelle, nämlich die eine Stelle, an der ein Krieger trotz Rüstung tödlich verwundbar war. Doch schnell wurde der Begriff für den richtigen Zeitpunkt verwendet. Eine Tat kann nur dann gelingen, wenn sie zum rechten Kairos ausgeführt wird. Ansonsten ist trotz aller Anstrengung kein gutes Ergebnis zu erwarten.

Die große Kunst im Leben ist es, diesen zu erkennen und zu erfassen. Wer ihn verpasst, hat genauso das Nachsehen, wie derjenige, der nicht erkennt, dass der richtige Kairos noch nicht gekommen ist. Platon nennt den Kairos daher auch das Maß allen guten Lebens. Das wirklich gute Leben ist das, was sich im rechten Augenblick vollzieht. Um das zu erkennen, bedarf es Erkenntnis oder Weisheit. Für Platon erkennt nur derjenige den rechten Zeitpunkt, der sich selbst erkennt, das heißt, wer bereit ist, sich mit seinem Leben bewusst auseinanderzusetzen. Dass der Kairos keine objektive Größe ist, betonte auch Aristoteles. Der Kairos muss in jeder Handlung in jeder Situation aufs Neue erkannt werden.

Der alttestamentliche Denker Kohelet erläutert in seinem Buch, obwohl er weder Aristoteles noch dessen Schriften kannte, warum der Kairos in jeder Situation aufs Neue gesucht und gefunden werden muss.

»Ein jegliches hat seine Zeit, und alles Vorhaben unter dem Himmel hat seine Stunde: geboren werden hat seine Zeit, sterben hat seine Zeit; pflanzen hat seine Zeit, ausreißen, was gepflanzt ist, hat seine Zeit.«
(*Koh* 3,1–2)

Im Leben hat vieles seine ganz eigene Zeit. Diese Zeit lässt sich nicht vom Menschen manipulieren und bestimmen. Er kann sie nur erkennen, wenn er bereit ist, sich darauf einzulassen. Den rechten Kairos zu erkennen, muss man eben auch einüben. Diese Einübung hat mit Achtsamkeit zu tun und mit der Fähigkeit, sich aufs Leben einzulassen und sich diesem ganz hinzugeben.

Literatur:
Die Bibel: Einheitsübersetzung, Freiburg 1999, Herder Verlag

Helden des Alltags
Warum Mut guttut

Sie stürzen sich in Wingsuits von Hochhäusern in die Tiefe, klettern ohne Seil und Haken senkrechte Bergwände empor und springen mit ihren Fahrrädern über schwindelerregende Schluchten. Auf YouTube verfolgen Millionen die atemberaubenden Stunts dieser tollkühnen Helden von heute. In ihrer Verwegenheit erinnern sie an die Helden von einst, die in Epen und Sagen für ihre Kühnheit gepriesen wurden und vielen Generationen als Vorbilder für Heldenmut galten.

Doch ist es Mut, das eigene Leben für den Kick und das Abenteuer aufs Spiel zu setzen? Schon Aristoteles trieb diese Frage um, und er plädierte in seiner *Nikomachischen Ethik* dafür, bei allen Tugenden das rechte Maß zu finden. Mut ist für ihn daher die goldene Mitte zwischen seinem Mangel, der Feigheit, und seinem Übermaß, der Tollkühnheit. Und während zu viel Furcht zu Verzagtheit und Handlungsunfähigkeit führt, so führt die Verkennung der Gefahr zu waghalsigem Handeln. Der wahrhaft Mutige zeichnet sich für Aristoteles dadurch aus, dass er auf ein höheres Ziel hin ausgerichtet ist und sich auf dem Weg dorthin weder von einem Zuviel noch von einem Zuwenig an Furcht beirren lässt.

Dass der Mut auf das Gute und Wahre ausgerichtet sein sollte und dass sich in ihm die Kraft der Seele zeigt, davon war bereits sein Lehrer Platon überzeugt. Für ihn gehörte der Mut *(andreia)* zusammen mit der Weisheit, Besonnenheit und Gerechtigkeit zu den vier Kardinaltugenden – eine Sichtweise, die von der römischen Stoa übernommen wurde und Eingang in den christlichen Wertekanon fand. So erblickte auch der Kirchenvater Thomas von Aquin im Mut eine der vier Haupttugenden, an denen alle anderen Tugenden wie die Tür an der Angel befestigt sind. Als mutig galt fortan, wer es schaffte, Prüfungen die Stirn zu bieten, wer sich selbst und notfalls das eigene Leben für eine gerechte Sache oder seine Mitmenschen einsetzte und die Angst vor dem Tod überwand.

Fragen Sie sich: Was sind meine Ideale und Werte? Woran glaube ich? Wofür bin ich bereit, mich einzusetzen und Risiken in Kauf zu nehmen?

In den Zeitungen lesen wir immer wieder von Beispielen außergewöhnlichen Muts, von Menschen, die unter Einsatz ihres eigenen Lebens andere retteten, sie aus brennenden Autos bargen, aus reißenden Flüssen zogen oder sich zwischen sie und ihre Angreifer stellten. Danach befragt, weshalb sie ihr eigenes Leben riskiert hätten, um anderen zu helfen, erklären diese meist, sie hätten doch einfach nur das getan, was in diesem Augenblick zu tun war. Was für diese Helden des Alltags eine Selbstverständlichkeit zu sein scheint, wirft weitreichende Fragen nach der Natur des Menschen auf. Denn mit ihrem selbstlosen Einsatz für andere fördern sie ein altruistisches Menschenbild zutage, das der herrschenden neoliberalen und vom Sozialdarwinismus indoktrinierten Vorstellung vom eigennützigen und egoistischen Wesen des Menschen eine deutliche Absage erteilt.

Sicherlich müssen wir uns nun nicht alle gleich in brennende Autos stürzen, um unseren Mut unter Beweis zu stellen. Doch wir können uns sehr wohl dafür entscheiden, jeden Tag ein kleines bisschen mutiger zu werden. Wir können unseren Mutmuskel trainieren, indem wir gezielt Dinge tun, die uns schwerfallen und uns Situationen stellen, die uns mit einem Gefühl der Furcht und Beklemmung erfüllen. Gelegenheiten dafür gibt es in unserem Alltag genügend. Dass Mut eine Tugend ist, die wir einüben können, versicherte uns bereits Aristoteles: »Indem wir uns gewöhnen, Gefahren zu verachten und zu bestehen, werden wir mutig, und sind wir es geworden, werden wir am leichtesten Gefahren bestehen können.« (*Nikomachische Ethik*, II 2, 1104b) Die Zuversicht auf einen glücklichen Ausgang ist für Aristoteles dabei die unabdingbare Begleiterin des Mutes.

Und doch bedeutet Mut trotz aller Hoffnung auf einen guten Ausgang immer das Eingehen eines persönlichen Risikos. Der Mutige nimmt Gefahren in Kauf, weil er von der Notwendigkeit seines Handelns überzeugt ist. Er verlässt die Komfortzone, in der wir uns alle so gemütlich eingerichtet haben, liefert sich der Ungewissheit aus und geht entschlossen ein Wagnis ein. Er lässt sich von Hindernissen nicht abschrecken, sondern fasst sich ein Herz, um diese zu überwinden.

Doch woher nehmen wir Normalsterblichen den Mut für so viel Mut? Gibt es Menschen, die uns hierfür den Weg weisen können? Der griechische Philosoph Plutarch entwickelte bereits im ersten Jahrhundert unserer Zeitrechnung eine effektive pädagogische Methode, die heute in der Psychologie als »Modeling«, das soziale Lernen am Vorbild, angewendet wird. Er verfasste hierfür Biografien bekannter Feldherren, deren heldenhafte Taten andere Männer zur Nachahmung anregen sollten. Zwar mögen Plutarchs Kriegshelden für uns heute kaum mehr überzeugende Vorbilder sein, sondern vielmehr warnende Beispiele für die Schrecken des Krieges, doch dies ändert nichts an der Wirksamkeit der Methode. Denn auch wir brauchen Vorbilder, die uns motivieren und an deren Beispiel wir couragiertes Verhalten einüben können. Hierfür können wir uns gezielt Menschen suchen, die für Gerechtigkeit und Menschlichkeit einstanden. Die Widerstandskämpfer des Nationalsozialismus, Sophie und Hans Scholl, die ihr junges Leben für ihre Überzeugungen hingaben, Nelson Mandela, der mehr als zwei Jahrzehnte für sein Bürgerrechtsengagement im Gefängnis saß, mögen einem dabei als Erste in den Sinn kommen. An ihrem Beispiel können wir heute Zivilcourage einüben. »Zerreißt den Mantel der Gleichgültigkeit, den ihr um euer Herz gelegt habt«, schrieb Sophie Scholl in einem Flugblatt der Widerstandsgruppe »Die Weiße Rose« und machte damit deutlich, dass der soziale Mut immer mit der Bereitschaft beginnt, sein Herz für andere zu öffnen, Mitgefühl zuzulassen und sich für Menschlichkeit einzusetzen.

> Fragen Sie sich: Wer ist Ihnen ein Vorbild an Zivilcourage und Mut? Nehmen Sie sich Zeit und beschreiben Sie diese Person. Was macht sie aus? Welche Eigenschaften oder Handlungen sind es, die für Sie Vorbildcharakter haben? Was hat Sie dieser Mensch für Ihr eigenes Leben gelehrt?

Der Philosoph Ernst Bloch forderte angesichts des Versagens der Zivilgesellschaft während des Nationalsozialismus das Einüben des aufrechten Ganges. Wie aber können wir lernen, dem Sog der Konformität und des Gehorsams zu widerstehen? Woher nehmen wir den Mut, für die eigenen Überzeugungen einzustehen, auch wenn diese mit der Mehrheit und vielleicht sogar mit dem eigenen Freundeskreis kollidieren?

Um junge Menschen genau darin zu stärken und sie Zivilcourage zu lehren, startete der amerikanische Sozialpsychologe Philip Zimbardo mit dem Slogan »Stand up. Speak out. Change the world!« sein Heldenprojekt »Heroic Imagination«. Seine weltweit bekannt gewordenen Stanford- und Milgramexperimente, in denen die katastrophalen Folgen von bedingungslosem Gehorsam sichtbar wurden, hatten den Wissenschaftler zu der Überzeugung gebracht, dass Zivilcourage etwas ist, das wir einüben müssen. Hierfür bedarf es alltagstauglicher Strategien, um im täglichen Leben bereit zu sein, wenn mutiges Einschreiten gefragt ist. Wie wäre es also, wenn wir uns vornehmen würden, jeden Tag eine Mut-Tat zu vollbringen? Es gibt so viele Gelegenheiten, die Tapferkeit des Herzens einzuüben und die Einmischung in kleinen Schritten zu trainieren, hinzublicken, statt wegzuschauen, die Stimme zu erheben, statt zu schweigen. Ermutigen Sie sich und andere Menschen und Sie werden feststellen: Mut tut gut!

> Erinnern Sie sich an Situationen in Ihrem Leben, in denen Sie Zivilcourage gezeigt haben. Wie fühlte sich dies an? Was haben Sie daraus für Ihr weiteres Leben gelernt?

Literatur:
Aristoteles: *Philosophische Schriften, Bd. 3, Nikomachische Ethik.*
Hamburg 1995, Felix Meiner Verlag
Philip Zimbardo: www.heroicimagination.org

Vom Glück des Gebens
Warum Geiz nicht geil ist

Wer kennt ihn nicht, den Ausspruch: »Geben ist seliger denn Nehmen«. Wie viele Sprichwörter hat auch dieser Ausspruch seine Wurzeln in der Bibel. Laut Apostelgeschichte geht er auf Jesus selbst zurück. Doch bereits vor Jesus waren diese Gedanken in der antiken Welt bekannt. Der griechische Philosoph Aristoteles behandelte in einem seiner berühmtesten Werke, der *Nikomachischen Ethik*, in einem ganzen Kapitel die Frage, warum denn Geben seliger sei als Nehmen. Seine Antwort ist so einfach wie zeitunabhängig: Es ist ein schönes und ehrenvolles Gefühl, einem anderen etwas Gutes getan zu haben. Aristoteles verweist auch darauf, dass gerade in der Liebe und in der Freundschaft das Geben eine der größten Tugenden ist. Dieses Geben erfolgt ohne Hintergedanken. Denn wer nur gibt, um etwas zu bekommen, kommt nicht in den Genuss der Wirkung, die das freiwillige Geben erzeugt.

> Überlegen Sie sich, wann Sie das letzte Mal einem anderen Menschen etwas Gutes getan haben, ohne selbst etwas dafür erwartet zu haben. Vergegenwärtigen Sie sich noch einmal diese Situation und spüren Sie bewusst, wie sich diese angefühlt hat.

Neueste medizinische Studien belegen, dass Menschen, die großzügig sind und bereitwillig geben, ohne dafür eine Gegenleistung zu erwarten, deutlich seltener unter Depressionen leiden als Menschen, die das nicht tun. Die kanadische Sozialpsychologin Elizabeth Dunn von der Universität Vancouver untersuchte den Zusammenhang zwischen der persönlich empfundenen Zufriedenheit und dem Teilen von Geld mit anderen. Dazu gab sie Studenten jeweils fünf beziehungsweise zwanzig Dollar. Die eine Gruppe bekam den Auftrag, das Geld für sich auszugeben, die andere, es anderen Menschen zukommen zu lassen. Diejenigen, die das Geld mit anderen teilten oder es anderen Menschen gaben, fühlten sich glücklicher als diejenigen, die das Geld nur für sich selbst verwendet hatten und zwar unabhängig davon, ob sie fünf oder zwanzig Dollar verteilt hatten. Die Wissenschaftlerin belegte damit gleich noch die Stimmigkeit eines weiteren Sprichwortes, nämlich dass Geld allein nicht glücklich macht. Wobei das Wort »allein« hier in doppelter Hinsicht zu verstehen ist. Zum einen: Wer Geld allein genießt, sprich ohne andere, empfindet das nicht als so befriedigend wie jemand, der es mit anderen teilt. Zum anderen: Wer glaubt, man bräuchte nur genug Geld (also, Geld allein), um glücklich zu sein, der irrt sich gewaltig.

Reiche Menschen, die sich selbst als glücklich bezeichnen, sind es deswegen, weil sie ihren Reichtum mit anderen teilen, indem sie Projekte, Stiftungen und Ähnliches finanzieren, und nicht weil sie über schier unbegrenzte Ressourcen verfügen. Wer seinen Reichtum nur für sich selbst verwendet, ist hingegen deutlich unzufriedener.

Dennoch sind die meisten Menschen immer noch hartnäckig davon überzeugt, dass sie zufriedener wären, wenn sie mehr Geld oder Besitz hätten.

Dass bereits das bloße Denken ans Geld zu einem selbstsüchtigeren Verhalten führen kann, belegen Studien. Es lässt Menschen egozentrierter werden, sie versuchen gezielt, andere von sich fernzuhalten, und nehmen keine Hilfe an, wenn sie diese bräuchten. Genau diese anti-soziale Haltung tut uns aber nicht gut. Materialistisch eingestellte Menschen sind daher im Schnitt auch weniger glücklich als Nicht-Materialisten.

Dass das Glücksgefühl, das durch das Geben entsteht, nicht nur ein subjektives und eingebildetes Empfinden ist, zeigt die Hirnforschung. Hirnforscher konnten beobachten, dass bei Menschen immer dann, wenn sie selbstlos handeln und anderen etwas Gutes tun, ihr Gehirn Hormone wie Opioide und Oxytocin ausschüttet, die wie ein natürliches Rauschmittel wirken. Wir machen uns selbst glücklich, indem wir geben. Diese Erkenntnis müssen wir uns nur immer wieder bewusst machen, da wir leider in unserem Alltagsbewusstsein vom Gegenteil überzeugt zu sein scheinen.

Evolutionsbiologisch ist es sehr sinnvoll, dass das Gehirn Belohnungshormone ausschüttet, wenn wir selbstlos handeln. Die Verhaltensbiologie weiß heute, dass diejenigen überlebt haben, die am besten kooperieren konnten, also zusammengearbeitet haben. Kooperieren heißt, nicht nur auf den eigenen Vorteil zu blicken. Besonders erfolgreich im Hinblick auf Kooperation war die menschliche Spezies. Hier wurde die Fähigkeit, zusammenzuarbeiten, letztlich zum großen Überlebensvorteil. Auf der einen Seite scheint die Fähigkeit, selbstlos zu handeln, fast schon Bestandteil unseres genetischen Programms zu sein. Gleichzeitig erleben wir aber auch, dass etliche andere »Programme« in uns diese Fähigkeit immer wieder blockieren oder unterdrücken. Aus diesem Grund spricht Aristoteles auch davon, dass es sich bei dieser Tugend der Freigiebigkeit, die freiwillig gibt und nicht aufs Nehmen aus ist, um eine Haltung handelt, die wir einüben müssen. Je öfter wir sie praktizieren, desto leichter fällt sie uns.

Aristoteles geht dabei noch einer weiteren, sehr interessanten Frage nach: Weshalb ist der Empfänger der Gabe nicht ebenso glücklich wie der Geber? Es scheint daran zu liegen, dass sich der Empfänger, wenn auch unbewusst, in einer »Dankesschuld« befindet. Aristoteles vertritt dazu folgende Theorie. »Nun bleibt aber dem, der Gutes getan, sein Werk [wie eine fortdauernde Wirklichkeit], während der Nutzen dessen, der das Gute empfangen hat, vergeht. Und die Erinnerung an edle Taten ist genussreich, aber die Erinnerung an gehabte Vorteile ist es nicht eben oder doch weniger.« (*Nikomachische Ethik* XI,7 1168a)

Dass das Nehmen tatsächlich weniger selig ist als das Geben, zeigte eine andere Studie mit älteren Menschen. Diejenigen, die sich nur auf die Unterstützung anderer verließen, starben früher als diejenigen, die Hilfe gaben. Die Empfänger der Hilfe waren nicht krank. Es ist also durchaus angezeigt, sich nicht nur bedienen zu lassen, sondern auch aktiv für andere da zu sein. Umgekehrt bedeutet dies natürlich nicht, dass wir nichts annehmen oder Hilfe verweigern sollten. So wie es Menschen gibt, die freiwillig nie etwas geben, so gibt es auch diejenigen, die nichts annehmen können. Auch das ist keine gesunde Haltung.

Worauf Aristoteles hinauswollte und was diese Studie zeigte, ist, dass eine Haltung, die darin besteht immer nur etwas von anderen zu erwarten und selbst nichts beizutragen, nicht dem Lebensglück dient. Aristoteles subsummierte diese Haltung im weitesten Sinne unter Geiz. Der Geizige will nämlich nichts geben. In seiner unangenehmsten Ausprägung will er anderen nicht nur nichts geben, sondern auch noch nehmen, was ihm eigentlich nicht zusteht. Er bereichert sich auf Kosten anderer. Auch wenn er am Ende vielleicht materiell mehr hat als andere Menschen, glücklicher ist er sicher nicht. Geiz und Glück sind nämlich zwei sehr unvereinbare Haltungen.

Auch in unseren Breiten gibt es viele Menschen, die mit sehr wenig auskommen müssen. Wie wäre es mit einer kleinen Sach-, Geld- oder Zeitspende für eine Organisation oder einen Freiwilligenverband, der andere Menschen unterstützt?

Literatur:
Aristoteles: *Philosophische Schriften. Bd. 3, Nikomachische Ethik.* Hamburg 1995, Felix Meiner Verlag

Empathisch leben
Was du nicht willst, dass man dir tu' ...

»Mag man nun die Welt als ein Gewirr von Atomen oder ein geordnetes Ganzes ansehen, so steht doch so viel fest: ich bin ein Teil des Ganzen, das unter der Herrschaft der Natur steht; und zugleich bin ich notwendig mit allen mir gleichartigen Teilen in engem Zusammenhang.« (*Selbstbetrachtungen*, S. 158) Zu dieser Erkenntnis gelangte der römische Philosoph Marc Aurel bereits vor 2000 Jahren in seinen philosophischen Reflexionen. Auch in den buddhistischen Schriften finden wir die Vorstellung von einem kosmischen Beziehungsnetz, in dem alles eingebunden, miteinander verwoben und wechselseitig voneinander abhängig ist. Diese Sichtweise beinhaltet die Überzeugung, dass alles, was in diesem Netz geschieht, Auswirkungen auf alles hat. Und ganz gleich, wo an diesem Netz gezogen wird, gerät unweigerlich das ganze Netz in Bewegung. Was die Weisen aus Ost und West immer schon lehrten, bestätigen uns heute neueste Erkenntnisse aus der Quantenphysik, Biologie und Ökologie. Die Welt enthüllt sich als ein integrales Ganzes, als ein Lebensnetz, das auf Verbundenheit, Kooperation und gegenseitiger Abhängigkeit basiert. »Jedes Atom ist mit jedem Atom in diesem Universum verbunden« (*Connectedness*, S. 22), schlussfolgerte der Quantenphysiker Hans-Peter Dürr und bestätigt damit das, was der Stoiker Marc Aurel bereits vor 2000 Jahren erkannt hatte.

Weshalb aber dringt dieses ganzheitliche Weltbild, das bereits seit der Antike bekannt ist und von den modernen

Naturwissenschaften in weiten Teilen bestätigt wird, so wenig in unser Alltagsbewusstsein vor? Weshalb fühlen wir uns in einer Welt der Verbundenheit oft so grundlegend von der Welt und unseren Mitmenschen getrennt?

Die Vermutung liegt nahe, dass dies mit dem vorherrschenden Weltbild zu tun hat, dessen Fundament von der Aufklärung im 17. Jahrhundert gelegt wurde und das bis heute unser gesellschaftliches Denken dominiert. Weit weniger als Verbundenheit und Gemeinsamkeit wird von diesem die Autarkie und Individualität des Menschen betont. Und seien wir ehrlich: Wir sind ja auch mächtig stolz auf unsere Unabhängigkeit. Und wir glauben so gerne, dass wir unser Leben in eigenen Händen halten und selbstbestimmt und frei leben könnten. Dass wir dabei jedoch grundlegende Abhängigkeiten übersehen, darauf weist der buddhistische Wirtschaftsethiker Karl-Heinz Brodbeck unmissverständlich hin: »Wir sind verkörpert in einem Leib, der zusammengesetzt ist aus transformierten Pflanzen und Tieren, der kaum fünf Minuten ohne Luft auskommt, nicht lange ohne Wasser und der in seinem Lebensumfeld völlig abhängig ist von anderen Menschen und der Natur.« (*Connectedness*, S. 44)

Bevor Sie Ihr nächstes Stück Brot essen, überlegen Sie sich einmal, wie viele Menschen daran beteiligt waren, dass Sie es auf Ihrem Teller liegen haben. Machen Sie sich bewusst, dass es Wasser, Sonne, Erde, Nährstoffe und Luft brauchte, damit das Korn reifen konnte.

Oft ist es eine ernsthafte gesundheitliche Krise, die unserer Selbstüberschätzung einen Dämpfer verpasst und uns mit einem Schlag bewusst macht, in welchem Ausmaß wir auf die Unterstützung anderer Menschen angewiesen sind. Wir erkennen, dass wir alles andere sind als unabhängig. Vielmehr noch: Wir spüren, was Marc Aurel damit gemeint haben könnte, als er sagte: »Alles ist wie durch ein heiliges Band miteinander verflochten.« (*Selbstbetrachtungen*, S. 105) Denn wer sich eingebunden weiß in die Gemeinschaft der Menschen, wer sich fürsorglich behütet fühlt, wer seine Wurzeln in einer lebendigen Gemeinschaft der Familie, Partnerschaft und Freundschaft hat, der erhält Zugang zu den wahren Glücksquellen des Lebens: Geborgenheit und Liebe.

»Denke ich also nur daran, dass ich ein Teil eines solchen Ganzen bin, so werde ich mit allem, was sich ereignet, zufrieden sein. Sofern ich aber mit den mir gleichartigen Teilen in enger Verbindung stehe, werde ich nichts gegen das Gemeinwohl tun, vielmehr werde ich, mit steter Rücksicht auf meine Mitmenschen, mein Streben ganz auf das allgemeine Beste richten.« (*Selbstbetrachtungen*, S. 146) Mit diesen Worten formulierte der römische Kaiserphilosoph das Leitbild des empathischen Menschen, der das Gemeinwohl aller im Auge behält, weil er erkannt hat, dass er als Weltenbürger Teil der globalen Menschheitsfamilie ist. Wer diese Verbundenheit begriffen hat, kann gar nicht anders, als sich tatkräftig für die Welt und seine Mitmenschen einzusetzen. Er weiß: Alles, was wir tun, aber auch das, was wir nicht tun, hat Auswirkungen auf das Ganze und damit auch auf uns selbst. Diese Erkenntnis wurde von allen Religionen und Kulturen in ein ethisches Fundament gegossen: die sogenannte *Goldene Regel*. Sie verleiht einer universellen Gültigkeit und Einigkeit Ausdruck, die über alle kulturellen Unterschiedlichkeiten hinweg Bestand hat, und die in der Erkenntnis wurzelt, dass das Glück des anderen zum eigenen Glück und dessen Leid zum eigenen Leid führt. Der chinesische Philosoph Konfuzius beschrieb sie mit den folgenden Worten: »Was du selbst nicht wünschest, das tue auch nicht anderen an«, der griechische Philosoph Thales von Milet forderte: »Indem wir niemals das tun, was wir an andern tadeln«, und Buddha drückte das Gleiche mit den Worten aus: »Tue anderen nichts, was dir Schmerzen verursachte, würde es dir getan.«

Die besser bekannte Version der Goldenen Regel finden wir in dem Sprichwort: »Was du nicht willst, das man dir tu', das füg' auch keinem anderen zu.« Rufen Sie sich dieses Sprichwort in Ihrem Umgang mit anderen Menschen wieder öfters in Erinnerung und handeln Sie danach.

Doch wie können wir das, was wir erkannt haben, auch tatsächlich in unserem Alltag umsetzen, sodass es in unserem Leben Gestalt annimmt? Der amerikanische Zen-Meister Bernard Glassman, weltweit bekannter Vertreter eines sozial engagierten Buddhismus, bedient sich ungewöhnlicher, wenn auch höchst wirksamer Methoden, um Menschen in diese Erfahrung von Verbundenheit zu führen. In Street-Retreats geht er mit ihnen eine Woche auf die Straßen der Großstädte, wo sie ohne Geld und nur mit dem bekleidet, was sie am Körper tragen, das Schicksal von Obdachlosen teilen. Durch die Erfahrung, gänzlich ungeschützt auf die Hilfe anderer angewiesen zu sein, erfahren die Teilnehmer am eigenen Leibe die völlige Abhängigkeit des Einzelnen. Deutlicher denn je wird ihnen bewusst, dass sie zum Überleben die Hilfe anderer benötigen. Nie mehr, so sagen sie anschließend, würden sie seitdem gedankenlos an einem obdachlosen Menschen vorübergehen. Gewachsen sei mit dem Gefühl der Verbundenheit auch das Gefühl von Verantwortung für andere und die Bereitschaft, für ihr Wohlergehen einzutreten. Deutlich wird: Je weniger getrennt wir uns von unseren Mitmenschen fühlen, desto selbstverständlicher ist es, uns für diese zu engagieren. Je tiefer wir das Leid und die Freude eines anderen Menschen am eigenen Leib spüren und nachempfinden können, desto entschiedener werden wir versuchen, sein Leid zu lindern und seine Freude zu fördern.

Und das ist es doch, was die Weisen aus Ost und West uns seit jeher lehren und was von der aktuellen Glücksforschung bestätigt wird: Indem wir das Glück anderer fördern, werden wir selbst glücklich. Indem wir anderen helfen, helfen wir uns selbst. Der Dalai Lama gibt uns hierfür das Erfolgsrezept mit auf den Lebensweg: »Wenn du glücklich sein möchtest, übe dich in Mitgefühl.«

Literatur:
Gerald Hüther, Christa Spannbauer: *Connectedness. Warum wir ein neues Weltbild brauchen.* Bern 2012, Hans Huber Verlag
Marc Aurel: *Selbstbetrachtungen.* Berlin 2003, Insel Verlag
Konstantin Wecker, Bernard Glassman: *Die revolutionäre Kraft des Mitgefühls.* München 2013, Goldmann

Vom rechten Maß
Wie wir die gesunde Mitte finden können

Wer sich in der Antike zum viel gerühmten Orakel von Delphi aufmachte, der traf beim Betreten des Tempels nicht nur auf die Inschrift »Erkenne dich selbst«, sondern auf einen weiteren Spruch, der da lautete: »Nichts im Übermaß« (oder: »Alles in Maßen«). Wer heute von Maßhalten redet, hat einen schweren Stand. Maßhalten klingt sehr nach Langeweile und Mittelmaß. Und kaum jemand in unserer Gesellschaft, die ihre Superstars im Fernsehen sucht, möchte mittelmäßig sein oder so erscheinen. Einen nicht unerheblichen Teil unserer Lebensenergie verschwenden wir darauf, außergewöhnlich und besonders zu sein. Wir möchten uns abheben von der grauen Masse der Durchschnittlichen und hierfür scheint es für manche Menschen notwendig zu sein, jedes gesunde Maß in welche Richtung auch immer zu überschreiten.

Doch für die alten Griechen hatte Maßhalten und damit verbunden das rechte Maß zu finden sehr wenig mit Langeweile und Mittelmäßigkeit zu tun, sondern sehr viel mehr damit, eine gute Spur im Leben zu finden, die uns vor vielen Problemen bewahrt. Dass das Maß der alten Griechen kaum etwas mit preußischem Drill und Einheitsmaß zu tun hatte, lag nicht nur daran, dass die griechischen Philosophen ziemliche Individualisten waren, sondern dass sie erkannt hatten, dass das rechte Maß natürlich nicht für alle Menschen gleich aussehen kann, da Menschen sehr unterschiedlich sind.

So betont Aristoteles in seiner *Nikomachischen Ethik*,

dass jeder Mensch für sich selbst gründlich untersuchen müsse, wo sein eigenes rechtes Maß liege. In der konfuzianistischen Ethik des alten China können wir einen ganz ähnlichen Gedanken finden. Bei Menzi, einem Schüler des Konfuzius heißt es: »Sich an den Mittelweg halten, kommt der Wahrheit näher: Aber wenn man sich nur an den Mittelweg hält, ohne eigenes Urteil, so ist das auch Einseitigkeit.« (*Die Lehrgespräche des Meisters Meng K'o*, VII A 26) Um also sein eigenes Maß und seine Mitte kennenzulernen, muss jeder auf seine Anlagen und auf seine konkreten Lebensbedingungen achten. Um das eigene Maß zu finden, müssen wir uns selbst ergründen und mit uns vertraut werden. Was für den einen passt, kann für den anderen schon zu viel sein.

Dennoch ist das rechte Maß nichts völlig Individualistisches, denn es gibt ein paar Rahmenbedingungen, die dazu beitragen, das eigene rechte Maß zu finden. Aristoteles hatte dazu eine Idee: »Zuerst kommt in Betracht, dass Dinge ... durch Mangel und Übermaß zugrunde gehen.« (*Nikomachische Ethik* II, 2, 1104a) Auf gut deutsch: Zu viel ist nichts und zu wenig ist auch nichts. Diesen Gedanken veranschaulichte er gleich an einem schönen Beispiel, das in unseren Zeiten nichts an seiner Bedeutung verloren hat, nämlich dem Bereich der körperlichen Ertüchtigung, kurz Sport genannt. »Übertriebene Körperübungen ebenso wie unzureichende führen den Verlust der Leibeskraft herbei.« (*Nikomachische Ethik* II, 2, 1104a) Wer sich nie bewegt, wird in der Regel irgendwann mit körperlichen Problemen konfrontiert werden. Viele Herz-Kreislauf-Erkrankungen oder Stoffwechselerkrankungen haben mit

Bewegungsmangel zu tun. Aber auch Menschen, die ihren Körper regelrecht mit Sport traktieren, tragen damit nicht zu dessen dauerhafter Vitalität bei. Kaum ein Leistungssportler verfügt am Ende seiner Karriere über einen gesunden Körper. Sport im richtigen Maß ist gut. Übertreibt man ihn oder tut man gar nichts, schadet man sich.

Doch was zu viel und zu wenig ist, hängt von vielen Faktoren ab. Wenn Sie jung sind, sind Sie in der Regel belastbarer als ein alter Mensch; als bereits Durchtrainierter sind Sie fitter als ein Anfänger etc. Die Mesotes, die Mitte, das rechte Maß, war für Aristoteles daher ein wichtiges Kriterium für ein gutes und gelingendes Leben. Natürlich galt diese nicht nur für den Körper. Für jeden Bereich unseres Lebens ist es wichtig, die Mesotes, die Mitte, zu finden, um nicht in ungesunde Extreme abzugleiten. Wer sich stets überschätzt, tut sich ebenso wenig einen Gefallen, wie derjenige, der seine Potenziale nicht ausschöpft, weil er sich zu wenig zutraut.

> Lassen Sie einmal Ihr bisheriges Leben Revue passieren und achten Sie darauf, ob Sie tendenziell eher mit einem Zuwenig von der Mitte abweichen oder einem Zuviel. Welches Feedback bekommen Sie von Ihrer Umgebung?

Dieser Lobpreis auf die Mitte und das rechte Maß erklang aber, wie bereits bemerkt, nicht nur im alten Griechenland. So rühmte schon der chinesische Philosoph Konfuzius das rechte Maß als etwas Wesentliches für ein gelingendes Leben. In Band 6 seiner *Gespräche* heißt es: »Maß und Mitte sind der Höhepunkt menschlicher Naturanlage.« Die Mitte ist so etwas, wie ein inneres Lot. Wer Maß hält, bleibt diesem inneren Lot treu. Um diese Mitte aber in sich zu erkennen, braucht es Bildung, denn erst durch sie werden die Anlagen des Menschen sichtbar. Durch die Natur allein kann der Mensch sie kaum erfassen. Beides ist notwendig, um die rechte Mitte und das rechte Maß zu erkennen und entsprechend dieser beiden sein Leben zu gestalten.

Konfuzius war überzeugt, dass alle Menschen von Natur aus etwas sehr Ähnliches mitbringen. Die Unterschiede zwischen den Menschen entstehen seiner Ansicht nach erst durch die unterschiedliche Erziehung. Aus diesem Grund plädierte der große chinesische Weise auch dafür, dass alle Menschen Bildung erhalten sollten. Bildung dürfe keine Standesunterschiede machen, wenn man ein gutes Staatswesen haben möchte. Bildung ist nämlich das Instrument, mittels derer der Mensch das rechte Maß erkennt. Sowohl der Einzelne wie auch der Staat sind nur dann gesund, wenn sie sich am rechten Maß orientieren. Ob unser Streben nach kontinuierlichem wirtschaftlichem Wachstum der Vorstellung vom rechten Maß und der gesunden Mitte der antiken Denker entsprochen hätte, darf bezweifelt werden.

Konfuzius sah, dass jede Tugend oder vernünftige menschliche Eigenschaft, also das, was der Mensch durch die Natur mitbringt, durch ein Zuviel oder durch ein Zuwenig in eine ungesunde Richtung kippen kann.

Schon Konfuzius hatte erkannt: »Ehrerbietung ohne Form wird Kriecherei, Vorsicht ohne Form wird Furchtsamkeit, Mut ohne Form wird Auflehnung, Aufrichtigkeit ohne Form wird Grobheit.« (*Gespräche*, Buch 8, 2)

Literatur:
Aristoteles: *Philosophische Schriften. Bd. 3, Nikomachische Ethik*. Hamburg 1995, Felix Meiner Verlag
Konfuzius: *Gespräche (Lunyu)*, Düsseldorf/Köln 1975, Eugen Diederichs Verlag
Konfuzius: *Das Buch von Maß und Mitte. Mit 41 Kalligraphien von Hong Yu*. Stuttgart 2015, Reclam Verlag
Mong Dsï: *Die Lehrgespräche des Meisters Meng K'o*. Köln 1982, Eugen Diederichs Verlag

Der Wille zum Sinn
Wofür es sich zu leben lohnt

Eines der größten Hindernisse auf dem Weg scheint der moderne Mythos vom Glück zu sein, der uns geradezu verzweifelt dem Vergnügen hinterherjagen lässt. Die Werbung gaukelt uns hierfür ein unbeschwertes und fröhliches Leben vor und kreiert am laufenden Band unerfüllbare Wünsche. Paradoxerweise scheint es gerade unser rastloses Streben nach Glück zu sein, das unserem wahren Lebensglück im Wege steht. Denn je mehr Gedanken wir uns über das Glück machen, desto mehr kommt es uns abhanden. »Ja, renn nur nach dem Glück, doch renne nicht zu sehr, denn alle rennen nach dem Glück, das Glück rennt hinterher«, dichtete daher schon Bert Brecht so treffend in seiner Dreigroschenoper. Der zeitgenössische Philosoph Julian Baggini rät daher, eine ganz andere Richtung einzuschlagen: »Es ist besser, einfach das Leben zu leben, das wir für sinnvoll halten, und das Glück, das sich daraus ergibt, als Geschenk zu betrachten.« (*Der Sinn des Lebens*, S. 114)

Denn wir Menschen sind nun einmal Sinnsucher. Und wir alle tragen die Sehnsucht in uns, das eigene Potenzial zu nutzen, die Welt mitzugestalten, unsere Fähigkeiten und Talente einzubringen und mit unserer Kreativität etwas zu bewirken. Ein sinnvolles Leben ist nicht notwendigerweise ein unbeschwertes und vergnügtes Leben. Und doch wird es, selbst wenn es entbehrungsreich und anstrengend ist, als beglückend erlebt. »Das Leben an sich kann lebenswert sein, besonders wenn es authentisch, glücklich und in Sorge um andere geführt wird, wenn der Betreffende seine Zeit nicht vergeudet und er sich immer wieder bemüht, der zu werden, der er sein möchte« (*Der Sinn des Lebens*, S. 192), bestätigt Julian Baggini.

> Fragen Sie sich: Was sind die Fähigkeiten und Talente, die ich in die Welt einspeise? Durch welche Handlungen und durch welches Werk bringe ich mich und mein individuelles Potenzial zum Ausdruck? Worin sehe ich meine persönliche Aufgabe in dieser Welt?

Dass wir uns den Sinn des Lebens selbst schaffen müssen, hat kein anderer Philosoph so entschieden deutlich gemacht wie der französische Existenzialist Jean-Paul Sartre. »Der Mensch ist nichts anderes als sein Entwurf, er existiert nur in dem Maße, in dem er sich verwirklicht, er ist also nichts anderes als die Gesamtheit seiner Handlungen, nichts anderes als sein Leben.« (*Der Existenzialismus ist ein Humanismus*, S. 130) Gemeinsam mit seiner Lebensgefährtin, der Philosophin Simone de Beauvoir, entwarf er die Grundlagen des französischen Existentialismus, dessen Grundthese zufolge der Mensch das ist, wozu er sich macht. Beide einte die Überzeugung, dass es keinen Sinn des Lebens an sich gibt, sondern es nur den Sinn gibt, den jeder Mensch seinem eigenen Leben zu geben vermag. Demnach ist es an uns selbst, unser Leben zu entwerfen und durch Taten sinnvoll zu gestalten. Wir sind, um mit

Sartre zu sprechen, dazu verurteilt, frei zu sein. Mit jeder unserer Handlungen treffen wir eine Wahl und zeigen durch unser Tun, wer wir sind. Wir erschaffen die Wirklichkeit durch die Tat. Als freie und tätige Menschen tragen wir damit jedoch nicht nur Verantwortung für unser eigenes Leben, sondern auch für das unserer Mitmenschen. »Und wenn wir sagen, dass der Mensch für sich selber verantwortlich ist, so wollen wir nicht sagen, dass der Mensch gerade eben nur für seine Individualität verantwortlich ist, sondern dass er verantwortlich ist für alle Menschen.« (*Das Sein und das Nichts*, S. 325)

Jean-Paul Sartre und Simone de Beauvoir schufen so eine Philosophie des gesellschaftlichen Engagements, deren zentrales Anliegen die Befreiung des Menschen war. Hierfür vollzogen sie auch in ihrem Privatleben bewusst den Bruch mit gesellschaftlichen Normen ihrer Zeit. Sie führten eine offene Beziehung und lehnten Ehe und Elternschaft ab. Darin erblickte Simone de Beauvoir wichtige Schritte für die Emanzipation der Frauen. In ihrem Schlüsselwerk *Das andere Geschlecht* rief sie zur Befreiung der Frau auf und wurde damit zu einer Leitfigur des modernen Feminismus.

Aus existenzialistischer Sicht sind wir am Ende unseres Lebens das, was wir in unserem Leben vollbracht haben. Wir sind die Ernte unserer Taten, die Quintessenz dessen, was wir tätig in die Welt gebracht haben. In ihrem philosophischen Spätwerk *Das Alter* macht Simone de Beauvoir deutlich, dass das Leben eines jeden Menschen Sinn macht, solange es das Leben anderer Menschen mit Liebe, Freundschaft, Mitgefühl und Engagement bereichert. Wenn Menschen am Ende ihres Lebens zurückblicken, dann ist es genau das, was sie als erfüllend bezeichnen und als beglückend erleben: Das Wissen, etwas bewirkt zu haben, mit dem Hiersein auf diesem Planeten einen Unterschied gemacht zu haben, Spuren in den Herzen anderer Menschen hinterlassen und die Welt mit ihrer Anwesenheit zu einem etwas besseren Ort gemacht zu haben.

Ebenso wie seine Zeitgenossen Simone de Beauvoir und Jean-Paul Sartre war auch der österreichische Psychoanalytiker Viktor Frankl davon überzeugt, dass es der Wille zum Sinn ist, der den Menschen auszeichnet. Darin erblickte der Begründer der Logotherapie das menschlichste aller Bedürfnisse. Der Mensch muss einen Sinn im Leben finden, für den es sich zu leben und notfalls auch zu sterben lohnt. Diese Erfahrung machte der Holocaust-Überlebende Frankl in den Konzentrationslagern des Nationalsozialismus. An diesen Orten der Unmenschlichkeit reifte seine Existenzanalyse, die ihm die Kraft gab, nicht aufzugeben, und die bis heute unzähligen Menschen weltweit Mut zu einem sinnerfüllten Leben macht.

Viktor Frankl zufolge besteht ein grundsätzlicher Zusammenhang zwischen unserer Weltanschauung und unserer Lebensgestaltung. Die Frage, die wir an das Leben richten, sollte daher nicht lauten: Warum sind meine Lebensbedingungen so schwierig und ungerecht? Sondern: Wozu fordern mich diese Lebenssituationen heraus? Wie kann ich darauf reagieren?

Denn Menschsein weist für den Humanisten Viktor Frankl immer über sich selbst hinaus. Erst im Dienst an einer Sache oder in der Liebe zu anderen wird der Mensch ganz Mensch und verwirklicht sich selbst. In der Hingabe an eine Aufgabe, der Begeisterung für eine Sache, dem Engagement für eine bessere Welt erfahren wir uns als lebendig und verbunden. Ganz aufgehen in dem, was wir tun, vor Begeisterung brennen, unserem inneren Ruf folgen – das ist es doch, was uns beglückt und erfüllt, das sind die magischen Momente im Leben. Ebenso wie der jüdische Religionsphilosoph Martin Buber war auch Frankl davon überzeugt, dass der Mensch auf die Welt hin orientiert ist und – um mit Bubers Worten zu sprechen – erst am Du zum Ich wird. In dem Maße, in dem wir uns als Mitgestalter der Welt, als weltoffene Wesen wahrnehmen und uns für unsere Mitmenschen einsetzen, gewinnt unser Leben nicht nur an Sinn, sondern auch an Glück. Das bestätigt uns die gegenwärtige Glücksforschung. Ein gelingendes Leben ist somit immer auch ein tätiges, ein engagiertes Leben.

Diese Weltorientierung verleiht uns die Kraft, sinnvolles Handeln über die eigene Befindlichkeit zu stellen, Verzicht für etwas oder jemanden zu leisten und Hindernisse nicht nur zu überwinden, sondern an ihnen zu wachsen. »Wer ein Warum zum Leben hat, erträgt fast jedes Wie«, erkannte bereits der von Viktor Frankl gerne zitierte Philosoph Friedrich Nietzsche. Wir können demzufolge mit schwierigen Lebenssituationen, in die wir durch gesellschaftliche Umbrüche oder durch existenzielle Krisen wie Trennung, Krankheit oder Tod geworfen werden, besser umgehen, wenn wir ihnen einen Sinn abzuringen vermögen. Denn genau darin liegt für die Existenzialisten die letztendliche Freiheit des Menschen: Auch wenn wir die Situation selbst nicht mehr ändern können, so bleibt uns doch immer die Wahl, wie wir uns ihr gegenüber verhalten wollen und in welcher Haltung wir dem unabwendbaren Schicksal gegenübertreten.

Lassen Sie sich auf Ihrer Sinnsuche von den Erkenntnissen Viktor Frankls inspirieren. Ihm zufolge gibt es drei Wege zum Sinn: Der erste besteht in einer Tat, die wir setzen, oder einem Werk, das wir schaffen. Der zweite darin, dass wir in der Zuwendung und Liebe zu einem anderen Menschen Sinn erfahren. Der dritte Weg führt dahin, leidvollen Situationen, die wir nicht ändern können, einen Sinn abzuringen und sie als Chance zum Reifen und Wachsen zu nutzen.

Literatur:
Julian Baggini: *Der Sinn des Lebens. Philosophie im Alltag.* München 2005, Piper Verlag
Simone de Beauvoir: *Das andere Geschlecht. Sitte und Sexus der Frau.* Reinbek 1992, rororo
Simone de Beauvoir: *Das Alter.* Reinbek 2000, rororo
Martin Buber: *Ich und Du.* München 1999, Gütersloher Verlagshaus
Viktor E. Frankl: *Der Wille zum Sinn.* Bern 2012, Huber Verlag
Jean-Paul Sartre: *Das Sein und das Nichts.* Reinbek 1994, rororo
Jean-Paul Sartre: *Der Existenzialismus ist ein Humanismus.* Reinbek 1994, rororo

KAPITEL 4

»ALLES FLIESST!«

(Heraklit)

DAS LEBEN ANNEHMEN UND AUSKOSTEN

Keiner steigt zweimal in den gleichen Fluss
Weshalb Veränderung zum Leben gehört

»Es ist unmöglich, zweimal in denselben Fluss hineinzusteigen« (*Die Vorsokratiker*, Heraklit Frag. 96), lehrte vor gut 2500 Jahren der aus Ephesos in Kleinasien stammende Philosoph Heraklit. Wer in der Nähe eines Flusses wohnt und das Glück hat, in diesem baden zu können, wird sich vermutlich über diese Bemerkung ein wenig wundern. Der Rhein bleibt auch nach dem zehnten Mal des Eintauchens der Rhein und die Isar bleibt die Isar. Natürlich bemerken wir Veränderungen, einmal ist das Wasser durch Regenfälle bräunlich, einmal ist es klar, einmal ist der Wasserstand hoch, einmal niedrig. Aber immer nehmen wir den gleichen Fluss wahr.

Und doch behauptet Heraklit, dass keiner zwei Mal in den gleichen Fluss steigen kann. Ein späterer Denker radikalisierte den Ausspruch sogar dahingehend, dass es unmöglich sei, auch nur einmal in denselben Fluss zu steigen. Gehen wir davon aus, dass es sich bei beiden Denkern um Männer von geistiger Gesundheit handelte, und dass sie vermutlich nichts anderes gesehen haben als andere Menschen auch, so scheint sich hinter dieser Aussage doch etwas Wesentliches zu verbergen. Machen wir uns daher die Mühe und versuchen wir einmal unseren Blickwinkel von unserer alltäglichen Wahrnehmung der Welt etwas abzuwenden, hin zu einer philosophischen. Wir dürfen ruhig ein wenig ver-rückt werden. Was sehen wir nun?

> Vergegenwärtigen Sie sich Ihren Geburtstag und fragen Sie sich, ob Sie am Tag nach Ihrem Geburtstag ein anderer Mensch sind, nur weil Sie offiziell ein Jahr älter geworden sind.

Wohl kaum. Wir stellen fest, dass die Veränderung nicht in Jahreszeiträumen stattfindet, sondern konstant und dauerhaft. Genau genommen sind wir bereits jetzt nicht mehr die Gleichen, die wir noch vor einer Sekunde waren. Das mag Ihnen übertrieben erscheinen, aber es ist so, weil wir uns in einer permanenten Veränderung befinden. Diese ist kein Phänomen, das nur den Menschen widerfährt, sondern allem Existierenden, sei es belebt oder unbelebt. Der einzige Unterschied zwischen den Menschen und dem Rest der Welt ist, dass sich vermutlich nur der Mensch dessen bewusst ist.

Wenn sich stets alles wandelt, dann natürlich auch der Fluss, den Heraklit in seiner philosophischen Betrachtung charakterisierte. Wenn alles in Veränderung ist, dann ist es einsichtig, dass wir niemals zweimal in denselben Fluss steigen können. Ja, es ist auch nachvollziehbar, weswegen wir nicht einmal in denselben Fluss steigen können: So wenig der Fluss nur einen Moment lang der gleiche ist, so wenig sind wir es. Im Moment des Eintauchens sind wir bereits andere als wir es waren, als wir den Fuß hineinsetzten.

Doch haben Sie tatsächlich das Gefühl, jeden Augenblick ein ganz anderer zu sein? Sind wir tatsächlich mit 50 Jahren ganz andere Menschen als wir es als Kinder waren? Wenn Sie nicht schizophren sind oder unter einer multiplen Persönlichkeitsstörung leiden, werden Sie sicherlich eine kontinuierliche Verbindung zwischen früher und heute spüren. Sind wir also doch immer die Gleichen und Heraklit hat nur wieder einmal bewiesen, dass Philosophen Spinner sind? Was hat es mit dem Wandel und der Konstanz nun auf sich? Beides scheinen Aspekte unserer Wirklichkeit zu sein. Doch in welcher Beziehung stehen sie zueinander?

Heraklit gibt darauf eine so einfache wie überzeugende Antwort. Die Wirklichkeit ist nur eine. Doch ihre Einheit ist eine Einheit von Gegensätzen. Alles, was existiert, existiert in dieser Welt nur aufgrund seines Gegensatzes. Hitze gibt es nur, weil es Kälte gibt, Schönheit nur, weil es Hässlichkeit gibt und so weiter. Diese Gegensätze sind einer kontinuierlichen Veränderung und Wandlung unterworfen. Nichts in unserer Welt ist somit ewig und unveränderlich. Unser Bewusstsein hält diese Gegensätze jedoch so zusammen, dass wir das Gefühl einer Kontinuität haben. Heraklit betrachtete diese Einheit als eine lebendige und natürliche Kraft, die in allen Gegensätzen immer präsent ist, die den Wandel auf der einen Seite vorantreibt und auf der anderen Seite in ihm immer präsent ist. Der Rhein ist der Rhein, die Isar die Isar, und auch wir erleben uns trotz aller Veränderungen mit 50 Jahren nicht als andere Person wie als Fünfjährige.

Nehmen wir Heraklits Weltbeschreibung, die nebenbei bemerkt auch der Buddhismus teilt, einmal ernst, dann sehen wir, dass diese ganz konkrete Auswirkungen auf unser Leben hat. Wenn wir anerkennen können, dass in diesem Leben alles, was existiert, einem kontinuierlichen Wandlungs- und Veränderungsprozess unterliegt, dann fällt es uns vielleicht leichter zu akzeptieren, dass nichts im Leben so bleiben kann, wie es ist oder wie es war. Die gute alte Zeit, die meistens nur in unserer verklärenden Erinnerung so wunderbar und gut war, lässt sich nicht konservieren. Etwas Neues wird kommen. Wenn wir dieses Neue nicht als Bedrohung des Alten betrachten, sondern als etwas völlig Natürliches, dann können wir ganz anders damit umgehen. Das, was kommen wird, kann eine Chance sein, etwas neu zu gestalten.

Vergegenwärtigen Sie sich etwas, was vor Ihnen liegt und das Sie beunruhigt, weil Sie nicht so recht wissen, was da auf Sie zukommt. Kreieren Sie nun bewusst ein mögliches positives Szenario, wie sich das noch nicht Eingetretene ereignen könnte. Spüren Sie, wie sich dieses positive Zukunftsszenario anfühlt. Steigen Sie richtig ein in diese innere Vision und gestalten Sie diese so konkret wie möglich.

Heraklit verwies aber noch auf etwas sehr Wichtiges: Wenn unsere Welt gegensätzlich und wandelbar ist, dann bedeutet dies, dass niemals für alle dasselbe stimmig sein kann und muss. »Meer: das sauberste und zugleich verfaulteste Wasser, für Fische trinkbar und lebenserhaltend, für Menschen nicht trinkbar und tödlich.« (*Die Vorsokra-*

tiker, Heraklit Frag. 55) Was für den einen Menschen gut ist, muss nicht unbedingt für den anderen gut sein. Leider neigen wir sehr oft genau zur gegenteiligen Haltung. Weil etwas für uns gut oder schlecht war, glauben wir, dass es für alle anderen ebenso gut oder schlecht sein muss. Vielleicht kennen Sie die Situation, dass Sie ein Geschenk für einen Menschen ausgesucht haben, das bei diesem leider nicht auf die erwartete Gegenliebe stößt, obwohl sie so viel Zeit und Energie darauf verwendet haben, etwas zu schenken, was Ihnen gefällt.

Wenn wir uns von Heraklits Einsicht leiten lassen, dass das, was für den einen gut ist, nicht zwangsläufig für den anderen gut sein muss, dann hat dies noch ganz andere Auswirkungen auf uns und unsere Umwelt. Wir können nämlich sehr viel entspannter mit divergierenden Überzeugungen und Lebensvollzügen umgehen, weil wir verstehen, dass für andere Menschen ganz andere Dinge im Moment, im Leben, wichtig oder auch unwichtig sind. Und wir erkennen, dass sich dies, bedingt durch neue Lebenssituationen, sowohl in deren als auch in unserem Leben ständig verändern kann.

Machen Sie sich einmal bewusst, wie eindimensional und langweilig Ihr Leben wäre, wenn alle Menschen die gleichen Dinge wie Sie täten, wenn alle die gleichen Vorlieben und Abneigungen hätten. Vergegenwärtigen Sie sich das vor allem dann, wenn Sie mit einem anderen Menschen eine Auseinandersetzung haben. Sie müssen die Position

Ihres Gegenübers nicht gut finden, aber vielleicht können Sie verstehen, weshalb diese für den anderen im Moment wichtig oder stimmig ist.

Literatur:
Jaap Mansfeld (Hrsg. & Übers.): *Die Vorsokratiker*, Bd. 1, Stuttgart 1995, Reclam

Von der Leichtigkeit des Seins
Wie wir uns ein fröhliches Herz bewahren

»Wenn jemand nach meinem Wohnsitz fragt, antworte ich: Am östlichen Rand der Milchstraße. Gleich einer ziehenden Wolke. Durch nichts gebunden: Ich lasse einfach los, gebe mich in die Launen des Windes.« (*Alle Dinge sind im Herzen*, S. 67)

Meister Ryokan, einer der großen Weisen Japans, war zu Lebzeiten für sein exzentrisches und närrisches Verhalten bekannt. Daigu, der große Narr, nannte ihn sein Zen-Meister und verlieh ihm damit eine Art Ehrentitel. Nach jahrelanger strenger Schulung im Zen-Tempel zog sich Ryokan in eine abgeschiedene Hütte in den Bergen zurück. In den Dörfern der Umgebung war der Bettelmönch bald schon ein gern gesehener Gast. Er spielte selbstvergessen mit den Kindern und trank Sake mit den Bauern. »Spielend, ja spielend durchquere ich diese fließende Welt« (*Alle Dinge sind im Herzen*, S. 105), schrieb er in einem Gedicht. Ja, die großen Weisen verhielten sich mitunter erstaunlich närrisch. Sie lachten und hüpften unbeschwert wie die Kinder, staunten über die alltäglichen Dinge und erfreuten sich scheinbar grundlos am Leben. Wussten diese Narren etwa nicht, dass das Leben eine ernste Sache ist?

Wenn es darum geht, sich mit der Schwere des Lebens zu bepacken, sind wir ihnen jedenfalls um einiges voraus. Glauben doch die meisten von uns, dass erst eine gewisse Schwere dem Leben Gewicht und Bedeutung verleiht. Nicht von ungefähr nannte der Schriftsteller Milan Kundera seinen berühmt gewordenen Roman *Die unerträgliche Leichtigkeit des Seins* und stellte damit die Frage in den Raum, ob wir die Leichtigkeit des Seins überhaupt aushalten könnten. Oder anders gefragt: Machen wir uns das Leben vielleicht oft selbst schwer? Blicken wir nicht geradezu wie gebannt auf die Kümmernisse des Lebens? Reden wir diese mitunter nicht förmlich herbei und kreieren Probleme, wo bislang noch gar keine waren?

Meist sind es ja gar nicht einmal die schweren Schicksalsschläge, die uns nach unten ziehen. Vielmehr sind es die alltäglichen kleinen Sorgen, Kümmernisse und Ärgernisse, die uns belasten. Wäre es nicht eine große Erleichterung, wenn wir diese wie einen schwer bepackten Rucksack einfach mal ablegen könnten? Und unser Leben stattdessen mit Optimismus und Zuversicht anreichern würden? Die Erkenntnis des griechischen Stoikers Epiktet könnte uns an dieser Stelle einen gehörigen Schritt weiterhelfen: »Nicht die Dinge selbst beunruhigen die Menschen, sondern ihre Meinungen und Urteile über die Dinge.« (*Handbüchlein der Moral*, S. 11) Die äußeren Dinge können uns also nur dann niederdrücken, wenn wir unseren Geist mit ihnen belasten. Epiktet riet daher zur Unterscheidung in die Dinge, die wir tatsächlich ändern können, und die, auf die wir keinen Einfluss haben, um anschließend Erstere in Angriff zu nehmen und zu verändern und Letztere gelassen anzunehmen und daran zu wachsen.

Der folgende Impuls des römischen Philosophen Marc Aurel kann Sie darin unterstützen, eine neue Perspektive zu entwickeln und Abstand von Ihren Problemen zu gewinnen: »Viele unnötige Anlässe zu deiner Beunruhigung, die nur auf deiner falschen Vorstellung beruhen, kannst du aus dem Weg schaffen und dir selbst unverzüglich einen weiten Spielraum eröffnen; umfasse nur mit deinem Geiste das ganze Weltall, betrachte die ewige Dauer und dann wieder die rasche Verwandlung jedes einzelnen Gegenstandes; welch kurzer Zeitraum liegt zwischen der Entstehung und Auflösung der Geschöpfe; wie unermesslich ist die Zeit, die ihrer Entstehung voranging, wie unendlich gleichermaßen die Zeit, die ihrer Auflösung folgen wird!« (*Selbstbetrachtungen*, S. 150)

Übrigens: Eine Abwandlung dieser Übung wird von Psychologen empfohlen: Betrachten Sie die Welt doch öfters mal aus der Vogelperspektive! Sie werden feststellen, dass Ihre Probleme aus sicherer Entfernung an Macht verlieren.

Wenn wir unseren Hang zur Schwere erst einmal erkannt haben, können wir uns ebenso gut für etwas mehr Leichtigkeit entscheiden. Indem wir uns etwa ganz bewusst der Schönheit des Augenblicks zuwenden. Indem wir unseren Blickwinkel verändern und Erfreuliches ins Auge fassen. Oder indem wir der Einladung des närrischen Ryokan folgen: »Kommt, meine Freunde, lasst uns singen und tanzen, die ganze Nacht lang ... Wilde Rosen gepflückt von Feldern voller quakender Frösche: Lass sie schwimmen in deinem Wein, und erfreue dich jeder Minute!« (*Alle Dinge sind im Herzen*, S. 110)

Seine Gedichte machten Meister Ryokan nach seinem Tod weltberühmt. Zu Lebzeiten wurde er jedoch vor allem für seine Bescheidenheit und Herzenswärme verehrt. Und geliebt wurde er für seine Kindlichkeit und Unbeschwertheit. Allein durch seine Anwesenheit machte er das Leben der Menschen um ihn herum leichter. Dabei ist es gar nicht so, dass der weise Narr nicht um die Schrecknisse und Beschwernisse des Lebens gewusst hätte. Dafür war er viel zu oft in seiner Hütte in den Bergen eingeschneit und musste unter Hunger und Kälte leiden. Doch er entschied sich dafür, dem Leben durch seine eigene Geisteshaltung nicht noch weitere Schwere hinzuzufügen. So ist es wohl mit den weisen Narren: Gerade weil sie um den Ernst der Lage wissen, bewahren sie sich eine kindliche Naivität und die Fröhlichkeit des Herzens.

Wäre es nicht wunderbar, wenn auch in unserer Gegenwart die Menschen erleichtert aufatmen könnten? Wenn sie sich leichter und weniger belastet fühlten und neuen Elan und Schwung bekämen? Wie wäre es, wenn wir versuchen würden, mit einem Augenzwinkern, einem Schmunzeln, einem großen Lachen die Leichtigkeit in der Welt zu fördern?

Denn es scheint tatsächlich unsere Entscheidung zu sein, ob wir die Welt als ein »Jammertal« wahrnehmen, wie dies der Kulturpessimist Arthur Schopenhauer tat, oder sie als die »beste aller möglichen Welten« betrachten, wie es der Aufklärer Gottfried Wilhelm Leibniz tat. Letzterer war alles andere als naiv und wusste sehr wohl um die Unvollkommenheit der bestehenden Welt. Und doch war er von deren dynamischem Entwicklungspotenzial für das Bestmögliche überzeugt. Darin erblickte er den Ansporn zum eigenen Handeln. Diese Haltung könnte auch uns heute Motivation sein, daran mitzuwirken, die Welt zu einem besseren Ort zu machen. Lamentieren macht sie jedenfalls nicht besser. Lachen vielleicht schon. Deshalb wohl verhielten sich die großen Weisen oft närrisch wie die Kinder. Sie brachten andere durch ihr Tun zum Lachen und förderten Freude und Frohsinn in den Herzen der Menschen.

Schauen Sie kleinen Kindern oder jungen Hunden beim Spielen zu. Oder besser noch: Spielen sie mit! Von Kindern und jungen Hunden lernen wir alles, was wir über die Leichtigkeit des Seins wissen müssen.

Meister Ryokan liebte es, mit den Kindern zu spielen. Und die Kinder liebten den närrischen Mann. »Mein Tagewerk: mit den Dorfkindern spielen. Immer habe ich ein paar Stoffbälle dabei, in meinen Ärmeltaschen: Zu viel anderem bin ich nicht nütze. Doch ich weiß mich zu erfreuen am stillen Frieden des Frühlings.« (*Alle Dinge sind im Herzen*, S. 81) Er ging mit einem leichten Herzen durch und aus dem Leben. Spuren wollte er keine hinterlassen, der leichtfüßige Weise. Und doch lebt er mit seiner Poesie bis heute in den Herzen der Menschen fort.

Mein Vermächtnis –
Was wird es sein?
Blumen im Frühling,
Der Kuckuck im Sommer,
und die dunkelroten Blätter
des Herbstes ...
(*Alle Dinge sind im Herzen*, S. 153)

Literatur:
Epiktet: *Handbüchlein der Moral*. Stuttgart 2008, Reclam
Marc Aurel: *Selbstbetrachtungen*. Berlin 2003, Insel Verlag
Meister Ryokan: *Alle Dinge sind im Herzen. Poetische Zenweisheiten.* München/Freiburg 2006, Herder

Die Kunst des Müßiggangs
Weshalb Nichtstun
keine Zeitvergeudung ist!

Wenn Sie öfter einfach mal so im Café sitzen und die Welt um sich herum ziehen lassen, wenn Sie gerade über Ihrem ersten Roman brüten oder sich einfach nur aus purem Interesse mit der Geschichte des Schiffbaus oder der polynesischen Schrift beschäftigen, kurz, wenn Sie sich immer wieder Zeit nehmen, um etwas zu tun, was Ihnen richtig Spaß macht und das für nichts anderes als Ihre persönliche Lebensfreude nützlich ist, dann können Sie dieses Kapitel getrost überblättern. Wenn nicht, dann ist dies auch noch kein Grund, in Panik auszubrechen, denn Müßiggang kann man lernen!

Interessanterweise lautete das Wort für Muße bei den alten Griechen *scholé*, wovon tatsächlich unser Wort Schule abgeleitet ist. Muße ist eben nicht nur Ruhe und Nichtstun, sondern auch Studium, allerdings keines, das entsprechend der Bologna-Reform modularisiert in acht Semestern zu absolvieren ist. Die Beschäftigung mit den scheinbar unnützen Dingen, die ökonomisch nicht verwertbar sind, gehörte für die alten Griechen ganz wesentlich zum guten Leben und damit zur Muße. Die scheinbar unnützeste Tätigkeit ist das Philosophieren.

Philosophieren bedeutet nachzudenken über sich, die Welt und das Denken. Sokrates, der bekannteste Denker der abendländischen Philosophiegeschichte, der bis heute als Inbegriff der Weisheit gilt, verbrachte seine Tage genau damit. Von ihm wird berichtet, dass er stundenlang regungslos dastand und einfach nur in den Himmel starrte. Wer von ihm jedoch in ein Gespräch verwickelt wurde, musste schnell erkennen, dass er es nicht mit einem Verrückten zu tun hatte, sondern mit einem Menschen von größter Geistesklarheit und innerer Gelassenheit, gerade weil er zum Müßiggang, in seinem Fall zum Müßigstand, fähig war.

Aber auch jenseits des philosophischen Denkens ist es unverzichtbar, den Gedanken Raum zu geben und sie nicht gleich von Anfang an in eingefahrene Bahnen des Nützlichkeitsdenkens zu zwängen. Nur so können neue Erkenntnisse entstehen. Viele bedeutende Erkenntnisse kamen dadurch zustande, dass Menschen sich Zeit und Muße zum Nachdenken gönnten und nicht von Beginn an auf Verwertbarkeit oder Anwendbarkeit achteten.

Wenn Sie ganz entspannt auf einer Parkbank sitzen oder auf dem Sofa liegen und einfach Ihren Gedanken nachhängen (natürlich nicht den problemwälzenden), dann genießen Sie es in vollen Zügen, auch wenn die gesellschaftliche Bewertung dieses kultivierten Nichtstuns »vergeudete Zeit« lautet. Machen Sie sich bewusst: Dies ist wertvolle Zeit!

Der griechische Philosoph Aristoteles hielt Muße für die Bildung eines Menschen für unverzichtbar. Er erklärte die Erziehung zur Muße gar zu einer der wichtigsten Aufgaben eines Staates. Sie war für ihn ein Zustand von höchster Glückseligkeit und zwar aus einem einzigen Grund: die Muße ist sich selbst Zweck. Wir pflegen nicht Muße, um etwas zu erlangen, sondern wir pflegen Muße um ihrer selbst willen. Muße ist ein zweckfreier Raum. Wir tun, was wir tun, ausschließlich deshalb, weil wir Freude daran haben. Muße zeichnet sich dadurch aus, dass es sich bei ihr um die Zeit handelt, über die wir wirklich frei verfügen können.

Freizeit hat übrigens nur bedingt mit Muße zu tun. Freizeit ist zunächst die Zeit, in der wir nicht einer Lohnarbeit nachgehen. Sie definiert sich über die Arbeit. Wer nicht arbeitet, hat auch keine Freizeit. Ob wir unsere Freizeit als Muße erleben oder gestalten, hängt hingegen von uns ab. Wer von einem Freizeitevent zum nächsten rennt, wird vielleicht viel erleben, ob diese Quantität von Erlebnissen jedoch zu einer Erlebnistiefe führt, sei dahingestellt. Unser alltägliches Leben ist so sehr durch ein zweckrationales Denken geprägt, dass wir dieses auch in der Freizeit kaum mehr abstellen können.

Sollten Sie aus eigener Erfahrung wissen, was Freizeitstress ist, dann empfiehlt es sich, Ihre Haltung etwas genauer anzusehen. Was befürchten Sie, wenn Sie Ihre Freizeit nicht generalstabsmäßig durchtakten? Womit wären Sie konfrontiert? Probieren Sie nun einmal an einem freien Nachmittag an einem Wochenende ganz bewusst das Gegenteil aus: Verplanen Sie diese Zeit nicht und schauen Sie nun, ob Ihre Befürchtungen eintreten.

Muße hat nämlich maßgeblich etwas mit der richtigen Haltung zu tun. Einer Haltung, die durch die Abwesenheit von Zwang und durch Gelassenheit gekennzeichnet ist. Aus diesem Grund könnte sogar die Arbeit zu Muße werden, wenn wir weder unter Zeit- noch unter Erfolgsdruck stünden, sondern Dinge nur um der Sache selbst willen tun würden. Leider ist diese Art des Arbeitens im Turbokapitalismus nicht vorgesehen, weshalb die meisten Menschen ihre Arbeit eher mit Stress als mit Muße verbinden.

Herr seiner Zeit zu sein und nicht ein Getriebener, das zeichnet den Müßiggänger aus. Aber noch etwas macht die Muße zur Muße: die Fähigkeit, sich auf ihren Rhythmus einzulassen, sich von ihr bestimmen, die berühmten Zügel, mit denen wir uns disziplinieren und zur Effizienz antreiben, schleifen zu lassen. Ganz bei etwas zu sein und uns von diesem Etwas gefangen nehmen zu lassen, das ist Muße.

Wenn Aristoteles den Staat ermahnte, Menschen zur Muße zu erziehen, dann muss diese also auch lernbar sein. Sie werden sich jetzt vermutlich fragen, wie Zweckfreiheit und Lernen zusammengehen? Lernen tun wir ja normalerweise um einer anderen Sache willen. Wer eine Sprache lernt, tut dies, weil er die Sprache sprechen oder beherrschen möchte. Wie so oft sind Weg und Ziel nicht deckungsgleich. Doch Muße zu erlernen unterscheidet sich reichlich von der uns vertrauten Art des Lernens. Wenn wir lernen wollen, Müßiggänger zu werden, sollten wir zunächst unsere Denkgewohnheiten und Haltungen überdenken. Wer davon überzeugt ist, dass Müßiggang aller Laster Anfang ist, nur dem Tüchtigen das Glück hold ist, Arbeit das Leben süß macht, erst die Arbeit, dann das Vergnügen kommt und dass »Schaffe, schaffe, Häusle baue« der Inbegriff des Lebens ist, weil er es von seinen Eltern oder wem auch immer zu hören bekam, wird sich mit der Muße schwertun. Hier wäre es sicherlich hilfreich, den eigenen Glaubenssätzen und Antreibern auf die Spur zu kommen.

Vergegenwärtigen Sie sich diese Sprichwörter, die sie gerade gelesen haben noch einmal und achten Sie ganz bewusst darauf, welche Sie ansprechen, berühren, etwas in Ihnen auslösen. Und dann betrachten Sie Ihr eigenes Tun in der Arbeit und in der Freizeit. Wenn sich Ihre inneren Antreiber dabei bemerkbar machen, betrachten Sie in einem zweiten Schritt, was für Befürchtungen auftauchen, wenn Sie sich vorstellen, die Muße zu pflegen. Es kann die Angst vor negativen Bewertungen aus dem Umfeld sein, die Angst, materielle Absicherungen zu verlieren ... Machen Sie sich bewusst: Solange Sie Ihren Selbstwert über Arbeit und Leistung definieren, hat die Muße einen schweren Stand.

Wenn Ihnen bewusst wurde, dass Sie eigentlich ein ganz entspanntes Verhältnis zur Muße haben, aber leider nicht dazu kommen, sie zu pflegen, ist es wichtig, Zeiträuber zu enttarnen. Fernsehen, Internet, Handy, soziale Medien stehen sicherlich für die meisten von uns auf der Zeiträuberliste ganz oben, aber auch bestimmte soziale Aktivitäten und Begegnungen, die wir aus schlechtem Gewissen über uns ergehen lassen. Hier gilt: Weniger ist mehr. Verbringen Sie nicht so viel Zeit mit Menschen, die ihnen wenig bedeuten, während sie kaum Zeit finden, die zu treffen, die Ihnen wirklich am Herzen liegen. Beschränken sie sich in den sozialen Medien auf das, was wirklich wichtig ist. Auch wenn Sie nicht auf dem neusten Stand hinsichtlich des Privatlebens eines Facebookfreundes oder Promis sind, wird die Sonne am nächsten Morgen wieder aufgehen. Wie viel Zeit Sie mit diesen Geräten verbringen, liegt tatsächlich in Ihren Händen, ganz wörtlich genommen.

Und noch etwas ist wichtig, wenn wir zu Müßiggängern werden wollen: Schaffen Sie sich Ihre kleinen Mußeoasen im Alltag, die Sie pflegen: der Kaffee auf dem Weg nach Hause, der kleine Spaziergang im Park, Musikhören, sich regelmäßig mit wirklich netten Menschen treffen, ein Entspannungsbad nehmen, in die Sauna gehen, was immer Ihnen Freude macht. All das trägt dazu bei, der Muße wieder den ihr zustehenden Platz in Ihrem Leben einzuräumen. Überlegen Sie sich, was Ihre Mußeinseln im Alltag sein könnten und wie sie diese regelmäßig pflegen können.

Literatur:
Aristoteles: *Philosophische Schriften. Bd. 4, Politik.* Hamburg 1995, Felix Meiner Verlag

Den Horizont erweitern
Warum nichts so ist, wie es scheint

Kennen Sie das? Sie sind irgendwo unterwegs und kommen auf einmal an eine Stelle, die Ihnen zwar bekannt vorkommt, aber dennoch völlig anders auszusehen scheint. Dies geschieht meistens dann, wenn wir nicht den bekannten Weg eingeschlagen, sondern zufällig oder absichtlich eine andere Route gewählt haben. Sie führte uns zwar ans selbe Ziel, aber im Moment des Ankommens kann dieses ganz anders aussehen, weil man zum Beispiel von der Seite oder von hinten auf das Zielobjekt trifft und mit etwas konfrontiert wird, was man sonst nicht im Blickfeld hat. Dinge verändern sich, wenn man sie aus einer anderen Perspektive betrachtet, da bislang unbeachtete Aspekte ins Blickfeld treten und Vertrautes verschwindet.

Aber nicht nur physisch wahrnehmbare Objekte erscheinen je nach Blickwinkel mitunter in einem völlig anderen Licht, auch Ereignisse, Situationen und selbst Menschen verändern ihr Gesicht, wenn man sie von einer anderen Warte aus betrachtet. Am ehesten merken wir dies, wenn wir mit einem gewissen zeitlichen Abstand auf ein Ereignis blicken. Aus der Distanz können wir das Geschehene meist anders beurteilen als in der konkreten Situation selbst. Am Ereignis hat sich aber nichts geändert, nur an unserer Perspektive, die uns zu einer etwas anderen Bewertung kommen lässt.

Es gibt im Leben aber auch Situationen, in denen eine Menge davon abhängt, aus welcher Perspektive wir darauf blicken, da jede mit einer anderen Bewertung verbunden ist und jede zu anderen Handlungskonsequenzen führt. Wenn Sie ein nicht gelungenes Projekt als Bestätigung dafür sehen, dass Sie zu dumm, unfähig, oder was auch immer sind, werden Sie in Zukunft die Finger von einer ähnlichen Aufgabe lassen. Wenn Sie Ihren Fokus jedoch darauf lenken, was Sie aus dem Misserfolg lernen können, um ihn nicht zu wiederholen, werden Sie sich nicht entmutigen lassen und das nächste Projekt anders angehen.

Viele Menschen sind davon überzeugt, dass erfolgreiche Menschen entweder viel Glück oder gute Startbedingungen hatten oder besonders hart für ihren Erfolg gearbeitet haben. Das sind jedoch nicht die einzigen Kriterien, die über Erfolg oder Misserfolg entscheiden. Entscheidend ist zudem die Fähigkeit, sich von Misserfolgen nicht nur nicht entmutigen zu lassen, sondern sie so zu analysieren, dass man beim nächsten Mal nicht wieder den gleichen Fehler macht. Wer bereit ist, aus einem Fehler zu lernen, kann ihn als Chance begreifen. Dies ist eine neue und sehr hilfreiche Perspektive.

Die Fähigkeit, einen Perspektivwechsel zu vollziehen, wirkt sich aber nicht nur auf Ihr eigenes Tun positiv aus, sondern auch auf Ihren Umgang mit anderen Menschen. Wenn etwas aus verschiedenen Blickrichtungen ganz anders erscheint, wie können wir dann sicher sein, dass unsere aktuelle Meinung über einen Sachverhalt oder über ein Ereignis wirklich die einzig richtige ist? Könnte es dann nicht auch so sein, dass eine andere Meinung genauso stimmig ist wie die unsere? Oder dass die andere Meinung vielleicht sogar stimmiger ist? Der Perspektivwechsel ermöglicht Ihnen einen nachsichtigen und respektvollen Umgang mit den Meinungen anderer Menschen. Sie werden nicht mehr davon ausgehen, dass Sie immer und prinzipiell im Recht sind. Das macht Ihr Leben nicht nur leichter, sondern macht Sie anderen auch weitaus sympathischer.

Bei den alten Griechen waren es vor allem die Skeptiker, die diesen Gedanken aufgriffen und weiterentwickelten. Sie vertraten die Ansicht, dass wir unsere Urteile nicht absolut setzen und unser eigenes Tun und Denken immer wieder kritisch hinterfragen müssen, weil wir gar nicht wissen können, ob etwas in Wirklichkeit so ist, wie es uns erscheint.

> Pyrrhon von Elis, der Stifter der skeptischen Bewegung, gibt uns folgendes zu bedenken: »Nichts sei schön, nichts hässlich, nichts gerecht, nichts ungerecht; und so gelte denn überhaupt für alles durchwegs der Satz, dass nichts in Wahrheit sei (wie es erscheine), vielmehr geschehe alles, was die Menschen tun, aufgrund bloßer gesetzmäßiger Übereinkunft und nach Maßgabe der Gewohnheit.« (*Leben und Meinungen berühmter Philosophen* II, Buch 9, XI)

Damit macht Pyrrhon deutlich, dass wir das Wesen einer Sache, egal wie dieses gelagert ist, nie erkennen können. Erkennen können wir immer nur das, was uns erscheint. Wie wir das Erscheinende wahrnehmen, hängt jedoch von unserer Perspektive ab. Viele unserer Überzeugungen und Werte sind durch die Kultur, in der wir leben, durch unsere Familie, durch Zeitumstände und Ähnliches geprägt. Leider machen wir uns das oftmals nicht bewusst und halten unsere Sichtweise für die einzig richtige. Wenn wir um die Bedingtheit unserer eigenen Überzeugungen wissen, sind wir aber viel leichter in der Lage, andere Sichtweisen auf eine Frage oder ein Problem zuzulassen. Zudem fällt es uns leichter zu verstehen, weshalb unser Gegenüber eine andere Haltung vertritt. Viele Missverständnisse, aber auch Konflikte entstehen, weil wir unsere eigene Sichtweise für die einzig legitime erachten.

Dies bedeutet nicht, dass Sie keine Überzeugungen oder Meinungen haben dürfen, nur sollten Sie diese nicht im Sinne eines unhinterfragbaren Dogmatismus absolut setzen. Verschiedene Haltungen und Überzeugungen zuzulassen hat nichts mit Indifferentismus zu tun, der alles für gleichbedeutend hält. In unserer Welt gibt es durchaus Unterschiede, und Sie müssen nicht zu allem Ja und Amen sagen, insbesondere dann nicht, wenn die persönliche Unversehrtheit auf dem Spiel steht. Aber machen Sie sich immer wieder bewusst, dass auch andere Überzeugungen ihre Berechtigung haben können. Auf den Mehrwert für unser Leben verschiedene Perspektiven zulassen zu können, verweist der Dalai Lama: »Je mehr Perspektiven wir haben, desto glücksversprechender ist unser Leben.« Je mehr Perspektiven Sie einnehmen können, desto weiter wird Ihr eigener Horizont.

Wenn Sie in den Medien mit einer Meinung oder Haltung zu einem Thema konfrontiert werden, das Sie emotional aufwühlt, nehmen Sie sich einen Block, Stift und ein paar Minuten Zeit. Schreiben Sie in der Mitte des Blattes diesen Punkt auf. Und versetzten Sie sich nun in die Position eines unbeteiligten Dritten, der nach Gründen für diese Meinung sucht. Schreiben Sie alles auf, was Ihnen einfällt, auch wenn es nicht Ihre Haltung wiedergibt. Wenn Sie fertig sind, lesen Sie sich diese Argumente noch einmal durch und schauen Sie, ob Sie aus der Perspektive eines unbeteiligten Dritten einige dieser Punkte verstehen können.

Literatur:
Diogenes Laertius: *Leben und Meinungen berühmter Philosophen.* Hamburg 1998, Felix Meiner Verlag

Carpe diem!
Wie wir den Augenblick auskosten können

Unser Leben findet im Hier und Jetzt statt. Nicht gestern und nicht morgen. Wir wissen es und leben doch nicht danach. Stattdessen vergeuden wir unsere Zeit damit, über Ereignisse der Vergangenheit nachzusinnen, die wir doch nicht mehr ändern können, und um über die Zukunft zu spekulieren, auf die wir letztlich keinen Einfluss haben. Und während wir noch über den Sinn des Lebens nachgrübeln und neidvolle Blicke auf diejenigen werfen, die ihr Leben so mühelos zu genießen scheinen, zieht unser eigenes einzigartiges Leben unbeachtet an uns vorüber. Genau deshalb sah bereits die westliche Antike ein achtsames Leben als wesentlich für das seelische Wohlbefinden des Menschen an. Der griechische Philosoph Aristippos, ein Schüler von Sokrates, empfahl daher, »weder für das Vergangene nachzusorgen noch für das Kommende vorzusorgen. Denn so etwas sei ein Zeichen von Wohlgemutetheit und ein Beweis heiteren Geistes. Er gebot, das Augenmerk auf dem gegenwärtigen Tag zu halten und wiederum auf dem Teil des Tages, an dem jeder gerade etwas tue oder bedenke. Denn allein das Gegenwärtige, lehrte er, sei unser, weder aber das Frühere noch das Erwartete, denn das eine sei dahin, das Eintreten des anderen verborgen.« (*Antike Glückslehren*, S. 50)

Jeder Tag und jeder Augenblick birgt die Gelegenheit in sich, intensiv gelebt zu werden. Gesetzt den Fall, wir entscheiden uns dafür, die Hände auszustrecken und nach ihm zu greifen. »Carpe diem!« – »Pflücke den Tag!«, ruft uns hierfür der römische Dichter Horaz über die Jahrhunderte hinweg zu. In dieser griffigen Formel verdichtete er die Lehre seines Vorbilds, des Philosophen Epikur, der die Menschen dazu bringen wollte, im Hier und Heute zu leben und ihr einzigartiges Leben mit Glück zu füllen.

Die philosophische Überzeugung, dass der Augenblick höchsten Wert besitzt, gewinnt gegenwärtig vor allem unter dem Einfluss östlicher Weisheitstraditionen wieder an Bedeutung. »Jeder Tag ist ein guter Tag«, verkündete der chinesische Zen-Meister Ummon einst. Und die buddhistische Psychologie tut heute ihr Möglichstes, um uns zerstreute Westler wieder in Fühlung und bewussten Kontakt mit dem Leben zu bringen.

> Achtsamkeitsimpuls: Halten Sie während des Tages öfters mal einen Moment inne und fragen Sie sich: Spüre ich meinen Körper oder lebe ich gerade unachtsam neben diesem her? Aktivieren Sie Ihre Sinne und blicken Sie sich um, lauschen Sie, spüren Sie, welche Geschenke Ihnen das Leben in diesem Augenblick anbietet. Nehmen Sie sich die Zeit, diese Momente ganz bewusst wahrzunehmen.

Der Aufruf zu einem lustvollen Leben im Hier und Jetzt hatte jedoch weder für Epikur noch für die Weisen aus dem Osten irgendetwas mit egoistischem Hedonismus zu tun. Ganz im Gegenteil: Epikur riet den Menschen zu einem maßvollen und tugendhaften Leben. Denn die höchste Lust ist ihm zufolge die Ataraxie, die Kunst, die vollkommene Seelenruhe zu finden. Und wie schon Aristoteles vor ihm warnte auch Epikur die Menschen vor einem kurzsichtigen Vergnügen, das die Folgen des Handelns außer Acht lässt. Denn Ausschweifungen und Exzesse alle Art stören die Ataraxie ganz empfindlich, indem sie seelischen Aufruhr und körperliche Schmerzen verursachen können.

Nein, das Leben ist keine Dauerparty. Und unser Glück finden wir nicht in maßloser Vergnügungssucht. Und doch können wir das Leben feiern und uns an ihm erfreuen. Indem wir die Fülle in den einfachen Dingen des Lebens finden. Uns am Wesentlichen erfreuen. Die alltäglichen Freuden des Lebens, die wir nur allzu oft als selbstverständlich erachten, auskosten: den duftenden Kaffee am Morgen, die Sonnenstrahlen, die ins Zimmer fallen, das gemeinsame Frühstück mit der Familie. Wer täglich die Schönheit in den einfachen Dingen des Lebens zu entdecken vermag, erhöht stetig den Glücksfaktor seines Lebens. »Pflücke den Tag« aus epikureischer Sicht heißt somit: Lebe lustvoll und zugleich verantwortlich, sodass auch der nächste Tag eine Zukunft hat. Und sorge achtsam dafür, dass deine Mitmenschen ebenso die Chance haben, den Tag auszukosten.

Fragen Sie sich: Wie kann ich mein Leben genießen, ohne dabei zum Hedonisten oder Egoisten zu werden? Was macht mein Leben lebenswert und sinnvoll? Was verleiht meiner Lebenszeit Tiefe und Bedeutung? Wofür lohnt es sich, mich heute einzusetzen? Wofür schlägt mein Herz?

Zeit ist vergänglich. Und unsere Lebenszeit ist begrenzt. Gerade das macht sie zu einem so kostbaren Gut. Deshalb wohl lehren die Weisen der Welt, jeden Tag so zu leben, als ob er der letzte wäre. In den Zen-Klöstern wird hierfür der folgende Spruch am Abend rezitiert:

»Aus tiefstem Herzen sage ich Euch allen:
Leben und Tod sind eine ernste Sache.
Alle Dinge vergehen schnell,
und kein Verweilen kennt der Augenblick.
Jeder von Euch sei wachsam,
keiner sei nachlässig, keiner vergesslich.«

In der christlichen Mönchstradition finden wir einen ähnlichen Gedanken in der düsteren Ermahnung: »Memento mori!« – »Gedenke, dass du sterblich bist«. Anders als die Patriarchen des Zen und der Philosoph Epikur, der den Menschen riet, sich weder vor Gott noch dem Tod zu fürchten, schürten die christlichen Mönche mit der Aussicht auf einen strafenden Gott die Angst vor dem Tod und raubten den Menschen damit viel von ihrer Lust am Leben.

Unter einem anderen Blickwinkel betrachtet kann die Todesgewissheit jedoch auch dazu dienen, die Lebenslust zu steigern. Denn nichts führt uns die Kostbarkeit des Lebens deutlicher vor Augen als die Konfrontation mit der eigenen Sterblichkeit, nichts lässt uns das Leben intensiver im Jetzt erfahren als die Erkenntnis seiner Begrenztheit. Menschen, deren Leben durch eine schwere Krankheit bedroht war, berichten immer wieder davon, wie bedeutsam und einzigartig plötzlich all die Dinge wurden, die sie bislang als selbstverständlich erachtet hatten. Ist es doch gerade die Erkenntnis von der Vergänglichkeit der Zeit, die uns mit Wucht in den gegenwärtigen Augenblick katapultiert und uns die Sorgen um ein Morgen vergessen lässt. Wir erkennen: Jetzt lebe ich!

Und liegt nicht genau darin unsere Aufgabe als Sterbliche: Unsere wertvolle Zeit, die uns auf Erden gegeben ist, zu nutzen? Und nichts, und schon gar nicht das eigene Leben, als selbstverständlich zu erachten?

Wenn Sie nur noch einen Tag zu leben hätten, was würden Sie an diesem Tag tun? Wenn dies Ihre letzte Stunde wäre, mit wem möchten Sie diese verbringen? Was würden Sie diesem Menschen sagen?

Literatur:
Epikur: *Von der Überwindung der Furcht*, Zürich 1990, Artemis Verlag
Horaz: *Oden und Epoden.* Düsseldorf 2002, Artemis und Winkler Verlag
Christoph Horn: *Antike Lebenskunst. Glück und Moral von Sokrates bis zu den Neuplatonikern.* München 2010, Becksche Reihe
Malte Hossenfelder (Hrsg. & Übers.): *Antike Glückslehren. Quellen zur hellenistischen Ethik in deutscher Übersetzung.* Stuttgart 1996, Kröner Verlag

Memento mori!
Weshalb es sich lohnt, den Tod ins Leben zu holen

Sie werden sich jetzt vielleicht fragen, weshalb der Tod zum guten Leben gehören soll. Denn ist er nicht die Beendigung eines jeden Lebens und damit eigentlich das Gegenteil des guten Lebens? Wer über das gute Leben redet, kommt jedoch nicht umhin, über den Tod und das Sterben zu sprechen. Für die großen Denker der antiken Philosophie gehörte er wesenhaft zum Leben dazu. Frühere Philosophen wie Thales von Milet oder Heraklit sahen zwischen Leben und Tod gar keinen wesentlichen Unterschied. In ihren Augen waren sie nur andere Formen des Daseins. Berühmt ist der Ausspruch des Thales: »Der Tod unterscheidet sich nicht vom Leben.« Als ihn daraufhin einer fragte, weshalb er sich nicht umbringe, antwortete Thales: »Eben, weil es keinen Unterschied macht.« (*Leben und Meinungen berühmter Philosophen* I, 35) Auch Heraklit sah den Tod nicht getrennt vom Leben. Beide gehörten für ihn untrennbar zusammen.

Bei Platon gewann die Auseinandersetzung mit dem Tod noch einmal eine weitere Dimension. Die Philosophie ist für ihn nichts anderes als eine Einübung ins Sterben. Am Umgang mit dem eigenen Tod zeigt sich nach Platon, ob ein Mensch tatsächlich begriffen hat, was es heißt, zu philosophieren. Für Platons Lehrer Sokrates war der Tod der Übergang in die geistige Unsterblichkeit. Er war davon überzeugt, dass im Tod die Seele frei wird und zu ihrem geistigen Ursprung zurückkehren kann. Wenn wir der

Schilderung Platons über den Tod des Sokrates trauen wollen, dann erwies sich sein großer Lehrer in der Stunde seines Todes als wahrer Philosoph, der fern von Angst und mit sich im Reinen sogar noch die Kraft fand, seine aufgelösten und verzweifelten Schüler zu trösten. Getragen von der Gewissheit, dass das Geistige den körperlichen Tod überdauert, trank Sokrates den ihm aufgezwungen Schierlingsbecher.

Der Gedanke, dass die Seele den eigenen Tod überdauert, ist jedoch vermutlich nur dem Menschen ein Trost, der von der Unsterblichkeit selbiger überzeugt ist. Doch bereits in der Antike gab es Philosophen, die davon nicht überzeugt waren und dennoch die Beschäftigung mit dem Tod für existenziell erachteten. Epikur vertrat anders als Platon die Ansicht, dass der Mensch und die menschliche Seele nur aus Atomen bestünden, die sich im Moment seines Todes auflösten. Den Tod erleben wir nach Epikur nicht mehr bewusst, da die Sinnes- und Bewusstseinswahrnehmung mit der Auflösung der Seele auch zu existieren aufhören. Dennoch erklärte er die Auseinandersetzung mit dem eigenen Sterben zu einer der wichtigsten Aufgaben des philosophischen Daseins. So forderte er seine Schüler dazu auf: »Übe dich im Sterben!« (*Von der Überwindung der Furcht*, S. 64)

Berühmter ist vermutlich ein anderer Satz Epikurs über den Tod. »Das schauerlichste Übel also, der Tod, geht uns nichts an; denn solange wir existieren, ist der Tod nicht da, und wenn der Tod da ist, existieren wir nicht mehr.« (*Von der Überwindung der Furcht*, S. 45) Diese Aussage scheint die vorausgegangene fast zu konterkarieren. Wieso sollen wir uns im Sterben üben, wenn uns der Tod nichts angeht? Vielleicht aus dem einen Grund, weil das Sterben etwas ist, was wir durchleben, während der Tod der Abschluss dieses Prozesses ist. Wer sich mit dem Sterben auseinandersetzt, setzt sich mit seinem Leben auseinander, denn mit dem Moment unserer Geburt beginnt der Prozess des Sterbens. Wir können ihn ignorieren oder uns mit ihm beschäftigen.

Epikurs Auseinandersetzung mit dem Sterben und dem Tod speiste sich aus zwei Quellen. Zum einen hoffte er, mit dieser Analyse des Lebens und des Todes die Furcht der Menschen vor den Göttern zu bannen. Die Angst vor der postmortalen Bestrafung durch die Götter hielt er für eine der schlimmsten lebensbehindernden Energien, die dem guten Leben entgegenstehen. Zum anderen erkannte er, dass das Sterben etwas ist, was unmittelbar mit unserem Leben verbunden ist. Sterben bedeutet nämlich, sich der eigenen Vergänglichkeit bewusst zu sein. Ein gutes und gelingendes Leben weicht diesem Aspekt des Lebens nicht aus. Das Wissen um die Begrenztheit des eigenen Lebens hatte für Epikur eine wichtige Funktion. Sie führt dazu, dass sich der Weise um die Qualität seines Daseins sorgt. »Wer aber dazu mahnt, der Jüngling solle edel leben und der Greis edel sterben, der ist töricht, nicht nur weil das Leben liebenswert ist, sondern auch weil die Sorge für ein edles Leben und diejenige für einen edlen Tod eine und dieselbe ist.« *(Brief an Menoikeus)* Ein gutes Leben sorgt sich um den guten Tod, indem es ihn ernst nimmt. Denn der Tod ist das Reflexionsmoment, das uns zwingt, innezuhalten und immer wieder unser eigenes Tun zu überdenken.

Der Tod zwingt uns anzuerkennen, dass nichts in diesem Leben ewig währt. Dies mag auf der einen Seite bedrohlich und schmerzhaft sein. Wir verlieren nun einmal nicht gerne die Dinge, die uns wichtig und bedeutsam sind und noch viel weniger die Menschen, die uns etwas bedeuten. Doch auf der anderen Seite ermöglicht das Anerkennen dieser allgegenwärtigen Vergänglichkeit und Bedingtheit wieder neue Möglichkeiten, gestalterisch im Leben zu wirken. Wenn nämlich nichts ewig währt, dann auch nicht das Leid, das wir mitunter im Leben erfahren.

Buddha lehrte seine Anhänger, dass es vier wesentliche Einsichten über das Leiden gibt. Die erste lautet: Alles ist leidvoll. Die zweite fragt nach den Ursachen des Leidens. Leid gibt es, weil alles veränderlich ist. Nichts Schönes oder Gutes währt in diesem Leben ewig. Aber wenn diese Aussage gilt, dann ist auch das Leid in dieser Welt selbst nur bedingt. Das ist die dritte Erkenntnis. Die vierte beschreibt den Weg zur Überwindung des Leidens. Das ist der heilige Achtfache Pfad, der aus den drei Polen Erkenntnis, Ethik und Meditation besteht. Wesentlich ist, was Buddha erkannt hatte: Auch das Leidvolle ist selbst nur etwas Bedingtes und damit etwas, was nicht das letzte Wort hat.

Wer anerkennen kann, dass Veränderung und mit ihr Verluste ein integraler Bestandteil des Lebens sind, kann sich in diesem Wissen üben. Er wird nicht mehr unvorbereitet davon überrascht. Wir leben sehr oft in der Überzeugung, dass die Gesetze der Vergänglichkeit und der Veränderung im Leben nur für andere Menschen gelten und wir davon verschont blieben. Doch auch für uns gilt das Gesetz des ewigen Wandels und der Vergänglichkeit.

Der Aspekt der Einübung spielte im Osten wie im Westen in der Philosophie die gleiche Rolle. Ging der Osten eher den Weg der meditativen Einübung, so wählten die griechischen Philosophen den Weg der Bewusstmachung. Der philosophische Mensch hatte sich immer wieder in allen Lebenssituationen zu vergegenwärtigen, dass das, was er im Moment zur Verfügung hatte, eben nur ein augenblicklicher und kein dauerhafter Besitz war. Wer existenziell um diese Augenblicklichkeit weiß, der weiß, dass er loslassen muss, dass er aber auch das augenblickliche Glück bewusst wahrnehmen kann. Wir können den schönen Augenblick weder konservieren noch auf später verschieben. Von der Mitbegründerin der Hospizbewegung Cicely Saunders ist der Satz überliefert: »Es geht nicht darum, dem Leben mehr Tage zu geben, sondern den Tagen mehr Leben.« Diesem Satz hätte Epikur sicherlich zugestimmt. Die Beschäftigung mit der eigenen Sterblichkeit, das Anerkennen, dass das eigene Leben endlich ist, war für ihn einer der Gründe, dieses kostbare Gut besonders zu schätzen.

Vergegenwärtigen Sie sich einmal, was Ihnen in diesem Leben wirklich wichtig ist. Stellen Sie sich vor, Sie müssten einen Nachruf auf sich selbst halten. Welche nicht getanen oder nicht erlebten Dinge würden Sie mit Bedauern erwähnen müssen? Was ist Ihnen im Leben gelungen? Und was wird von dem, was Sie getan haben, weiterleben und Spuren hinterlassen?

Literatur:

Diogenes Laertius: *Leben und Meinungen berühmter Philosophen.* Hamburg 1998, Felix Meiner Verlag

Epikur: *Brief an Menoikeus.* In: *Von der Überwindung der Furcht. Katechismus, Lehrbriefe, Spruchsammlung, Fragmente.* Zürich 1990, Artemis Verlag

Jaap Mansfeld (Übers. & Hrsg.): *Die Vorsokratiker.* Stuttgart 2012, Reclam Verlag

Klaus Mylius (Hrsg.): *Die vier edlen Wahrheiten. Texte des ursprünglichen Buddhismus.* Stuttgart 1998, Reclam Verlag

Platon: *Phaidon. Sämtliche Werke Bd. 3.* Hamburg 1998, rororo

Philosophisches Glossar

Antisthenes
Antisthenes lebte von 445 v. Chr. bis 365 v. Chr. Er gilt als Begründer des Kynismus. *Kynos* hieß im Altgriechischen Hund. Die Umwelt bezeichnete diese Philosophen als Hunde, weil sie durch ihr höchst unkonventionelles Verhalten auffielen. Wie viele andere Philosophen seiner Zeit war er Schüler des Sokrates und ließ sich von diesem besonders in Fragen der Ethik inspirieren. Antisthenes verwehrte sich gegen die Athenische Dekadenz und lehrte, dass nur ein Leben in Bedürfnislosigkeit frei und unabhängig mache. Obwohl er selbst viele Schriften verfasste, kennen wir heute nur noch Versatzstücke seiner Lehren durch die Überlieferung Dritter. Die Kyniker waren die Ersten in Athen, die die Sklaverei infrage stellten und die Idee des Kosmopolitismus aufbrachten.

Arendt
Hannah Arendt wurde 1906 in Hannover als Tochter säkularer Juden geboren. Bereits in ihrer Jugend interessierte sie sich für Philosophie. In den 20er-Jahren studierte sie u. a. bei Martin Heidegger Philosophie. Sie emigrierte nach der Machtergreifung der Nazis zunächst nach Frankreich und konnte 1941 noch in die USA einreisen. Arendt verstand sich als politische Denkerin, die sich in einem ihrer Hauptwerke mit den Formen des Totalitarismus auseinandersetzte. Einer breiten Öffentlichkeit wurde sie durch ihre Berichterstattung des Eichmann-Prozesses bekannt. Ihr Begriff von der »Banalität des Bösen« löste in diesem Kontext eine heftige Diskussion aus. 1975 starb Hannah Arendt in New York.

Aristippos
Aristippos oder Aristipp stammte aus Kyrene in Nordafrika. Nach seiner Heimatstadt benannte man dann auch seine Schule: die Kyrenaiker. Geboren wurde er wahrscheinlich um das Jahr 435 v. Chr. und gestorben ist er um das Jahr 360 v. Chr. In jungen Jahren war er Schüler des Sokrates, aber anders als sein Lehrer verließ er Athen und verlangte für seinen Unterricht Geld. Aristipp beschäftigte sich primär mit der Frage nach dem, was ein gutes Leben ausmacht. Für ihn war dies das Lustempfinden, das alle Menschen suchen, genau wie sie die Unlust meiden. Wichtig war für Aristipp jedoch, dass man nicht zum Sklaven seiner Lüste wird, sondern als freier Mensch über diese herrscht.

Aristoteles
Aristoteles wurde 384 v. Chr. in Stagira geboren und zog nach Athen, wo er mit 17 Jahren Schüler in Platons Akademie wurde, die er erst nach dessen Tod verließ. Als Makedonier wurde Aristoteles von Philipp dem Großen an seinen Hof geholt, um seinen Sohn, den späteren König Alexander den Großen, zu erziehen. Aristoteles hinterließ ein umfangreiches Werk, in dem er sich neben der Politik, der Metaphysik, der Naturwissenschaft und der Dichtung auch intensiv mit der Ethik beschäftigte. Aristoteles bemühte sich in seinen ethischen Schriften, das rechte Maß menschlichen Handelns auszuloten. Er starb 322 v. Chr. in Chalkis.

de Beauvoir
Simone de Beauvoir wurde 1908 in Paris geboren. Die Schriftstellerin und Philosophin war gemeinsam mit ihrem Lebenspartner Jean-Paul Sartre eine der wichtigen Wegbereiterinnen des französischen Existenzialismus. Berühmt wurde sie vor allem mit ihrem Buch *Das andere Geschlecht,* einem Schlüsselwerk der modernen Frauenbewegung, in dem sie die These vertrat, dass eine Frau nicht als Frau geboren, sondern durch die Gesellschaft dazu gemacht wird. Zeit ihres

Lebens setzte sich die überzeugte Sozialistin und Feministin für die Befreiung der Menschen aus Unterdrückung und Herrschaft ein. Sie starb 1986 in Paris.

Buber
Martin Buber wurde 1878 in Wien geboren, wuchs aber bei seinen Großeltern in Lemberg auf, wo er mit dem chassidischen Judentum in Berührung kam, dessen Texte und Geschichten er später sammeln sollte. Als er Theodor Herzl kennenlernte, schloss er sich der zionistischen Bewegung an. In seiner Zeit als Professor in Frankfurt am Main entstand eines seiner philosophisch wichtigsten Bücher *Ich und Du*. Buber legte nach der Machtergreifung der Nazis seine Professur nieder und konnte noch 1938 nach Israel fliehen. Buber betonte stets, dass Israel sowohl den Juden wie Arabern gehöre. 1953 erhielt er den Friedenspreis des Deutschen Buchhandels. Buber starb 1965 in Jerusalem.

Buddha
Buddha ist in der indischen Tradition ein Ehrentitel für einen Menschen, der als Erwachter gilt. Für den berühmtesten Erwachten Indiens, für Siddharta Gautama, wurde dieser Ehrentitel zum Namen schlechthin. Gelebt hat er entweder von 560–480 v. Chr. oder von 460–380 v. Chr. in Nordindien. Der Weg zum Erwachen führt nach Buddhas Lehre über das Anerkennen, dass alles im Leben leidvoll ist, weil es vergänglich und veränderlich ist. Da aber auch das Leiden selbst vergänglich ist, kann es überwunden werden. Diese Überwindung führt zum Heil und damit zur Erleuchtung. Den Weg zur Erleuchtung beschreibt der sogenannte Achtfache Pfad.

Diogenes
Diogenes von Sinope zählt vermutlich zu den bekanntesten Philosophen der Antike. Er wurde um das Jahr 412 in Sinope am Schwarzen Meer geboren und starb um das Jahr 323 in Korinth. Mit Sicherheit ist er das Aushängeschild der kyni-

schen Philosophietradition. Seine Autarkie, die innere Unabhängigkeit und Selbstständigkeit, demonstrierte er seinen Zeitgenossen, indem er sich als Behausung mit einem alten Fass zufriedengab und nur von dem lebte, was er sich erbettelte. Über kaum einen anderen Philosophen sind so viele Anekdoten bekannt wie über ihn. Besonders sein Aufeinandertreffen mit Alexander dem Großen wurde in etlichen kurzen Geschichten überliefert.

Eckhart

Meister Eckhart wurde 1260 in Thüringen geboren. Der Namenszusatz Meister verweist auf seine akademische Tätigkeit an der Universität Paris. Meister war die deutsche Übersetzung des lateinischen *magister*, was so viel wie Professor bedeutet. Heute ist Eckhart den meisten Menschen weniger als scholastischer Denker, sondern als Mystiker ein Begriff. Anders als sein Ordensbruder Thomas von Aquin war Eckhart ein großer Freund der platonischen und neuplatonischen Einheitslehre, die er sehr kreativ mit seinem eigenen Denken verflocht. In den Augen der Inquisition ging diese Kreativität jedoch entschieden zu weit, sodass gegen Eckhart 1326 ein Inquisitionsverfahren eröffnet wurde. Das Ende des Prozesses erlebte er jedoch nicht mehr. Eckhart starb, bevor die Bannbulle mit seiner Verurteilung 1329 veröffentlich wurde.

Emerson

Der US-amerikanische Philosoph und Schriftsteller Ralph Waldo Emerson wurde 1803 in Massachusetts geboren, wo er 1882 starb. Gemeinsam mit Henry David Thoreau war er maßgeblicher Begründer der Bewegung der Transzendentalisten, die eine radikale Erneuerung der amerikanischen Kultur forderten und damit die Philosophiegeschichte der Vereinigten Staaten nachhaltig beeinflussten. Typisch für die Transzendentalisten ist die Forderung nach einem Leben in Einklang mit der Natur, die ihnen als Ausdruck des Göttlichen galt. Als erklärter Gegner der Sklaverei übte Emerson einen starken Einfluss auf Abraham Lincoln aus.

Epiktet

Epiktet ist einer der wichtigsten Vertreter der spätstoischen Philosophie. Er wurde um das Jahr 50 n. Chr. in Hierapolis in Phrygien in der heutigen Türkei geboren und starb um das Jahr 135 in Nikopolis in Epirus im heutigen Griechenland. Zentral für sein Denken war die Frage, wie der Mensch ein gutes Leben führen könne. Epiktet empfahl seinen Hörern dafür, streng zwischen dem zu unterscheiden, worauf sie Einfluss nehmen können, und dem, was jenseits ihres Einflusses liegt. Zu dem, worauf der Mensch Einfluss nehmen kann, gehören seine Gedanken, Gefühle und Haltungen. Diese kann er verändern. Nicht die Außenwelt ist demnach das Problem, sondern die eigenen Sichtweisen darüber. Aus diesem Grund soll sich der Mensch damit beschäftigen, um sie gegebenenfalls zu verändern.

Epikur

Epikur wurde 341 v. Chr. auf Samos geboren, hatte aber das Athener Bürgerrecht, da sein Vater athenischer Kolonist war. Epikur erwarb im Jahr 306 v. Chr. in Athen für seine Schulgründung ein Gartengrundstück, den sogenannten Kepos, in dem er sich bis zu seinem Tod im Jahr 270 v. Chr. mit seinen Anhängern und Anhängerinnen traf. Der zentrale Gedanke seiner Lehre ist die Lust, weswegen man seine Lehre als Hedonismus bezeichnet. *Hedone* ist das griechische Wort für Lust. Allerdings hat diese Lust nichts mit einem hemmungslosen Ausleben der Sinnlichkeit zu tun, sondern die höchste Lust ist für Epikur die Seelenruhe, die sich einstellt, wenn der Mensch seine Affekte beherrscht und nicht von ihnen beherrscht wird.

Fromm

Der Psychoanalytiker und Philosoph Erich Fromm wurde 1900 in Frankfurt am Main in einem jüdischen Elternhaus geboren und starb 1980 in Muralto in der Schweiz. Fromm emigrierte 1934 in die Vereinigten Staaten, wo er seine Idee des normativen Humanismus weiterentwickelte. Er ging davon aus, dass der Mensch nicht nur physische, sondern auch psychische Grundbedürfnisse hat. Wenn diese psychischen Grundbedürfnisse nicht gestillt werden, versucht er entweder die Umstände zu verändern oder er stumpft ab. Da nach Fromm der Mensch wesenhaft weder gut noch böse ist, kann der Mensch immer in einem positiven oder destruktiven Modus auf das Leben und seine Herausforderungen reagieren.

Heraklit

Heraklit von Ephesos lebte etwa von 544 v. Chr. bis 483 v. Chr. im heute zur Türkei gehörenden Ephesus. Er trug schon zu Lebzeiten den Beinnamen »der Dunkle«, was auf die Tiefe seiner Lehre verweisen sollte, die bereits für seine Zeitgenossen schwer zu verstehen war. Obwohl er sich von den Menschen eher absonderte, war er lange Jahre als Oberpriester in seiner Heimatstadt Ephesos tätig, was eine hohe Auszeichnung darstellte. Uns stehen heute nur noch Fragmente seiner Lehre zur Verfügung. Das zentrale Element seiner Philosophie war die Veränderung. Alles in dieser Welt unterliegt einem stetigen Wandlungsprozess, da alles aus Gegensätzen besteht. Diese Gegensätze sind das Werk des einen Logos, der allein unwandelbar und ewig ist.

Hipparchia

Von der kynischen Philosophin Hipparchia gibt es leider keine genauen Daten und auch keine eigenen schriftlichen Zeugnisse. Sie dürfte im vierten Jahrhundert v. Chr. gelebt haben, da sie mit dem kynischen Philosophen Krates (365–285 v. Chr.) verheiratet war. Hipparchia hatte Krates Lehre durch ihren

Bruder Metrokles kennengelernt. Sie war von seiner Lehre so begeistert, dass sie keinen anderen Mann heiraten wollte, obwohl Krates körperlich missgebildet war. Hipparchia trat in Athen als eigenständige Philosophin in Erscheinung.

Kant

Immanuel Kant, der 1724 in Königsberg geboren wurde und dort 1804 starb, zählt sicherlich zu den bedeutendsten Philosophen der Neuzeit. Mit keinem anderen Namen ist die Epoche der Aufklärung so sehr verbunden wie mit ihm. Symptomatisch dafür ist sein Ausspruch: »Habe Mut, dich deines Verstandes zu bedienen!« Kants großes Verdienst war, dass er wie kaum ein anderer Denker seiner Zeit darauf verwies, dass wir nicht die Wirklichkeit erkennen können, wie sie an sich ist, sondern immer nur, wie sie uns erscheint. Wir können also niemals gewiss sein, dass unsere Erkenntnis eine tatsächliche Entsprechung in der Außenwelt hat. Aber nicht nur für die Erkenntnislehre wurde Kant prägend, sondern auch für die Ethik. Seiner Ansicht nach kann jeder Mensch zumindest potenziell erkennen, was sittlich zu tun und zu unterlassen ist. Die Grundlage dafür ist der kategorische Imperativ, der fordert: »Handle nur nach derjenigen Maxime, durch die du zugleich wollen kannst, dass sie ein allgemeines Gesetz werde.«

Konfuzius

Konfuzius ist die latinisierte Form des chinesischen Namens K'ung-fu-tzu, was so viel wie Lehrmeister Kong bedeutet. Konfuzius lebte vermutlich von 551 v. Chr. bis 479 v. Chr. Er gilt als einer der ganz großen chinesischen Philosophen und Weisheitslehrer, dessen Lehren sich bis heute in verschiedenen asiatischen Staaten großer Popularität erfreuen. Eines seiner wesentlichsten Anliegen war es, dass der Mensch in Harmonie mit dem Weltganzen lebt. Dazu muss er ethisch einwandfrei leben. Ein wichtiger Wert ist die Mitmenschlichkeit. Um zu erkennen, was diese ausmacht, bedarf es der Bildung des Menschen. Konfuzius verfasste einige wichtige Werke, die zur Grundlage des Konfuzianismus wurden.

Laotse
Laotse zählt zu den wichtigsten Denkern des Taoismus. Über seine Lebensdaten streiten die Forscher. Es kann sein, dass er ein Zeitgenosse von Konfuzius war. Vermutlich lebte er aber erst im dritten oder vierten Jahrhundert v. Chr. Andere Forscher bestreiten sogar, dass es sich bei Laotse überhaupt um eine historische Person gehandelt haben soll. Die Legende besagt, er sei Archivar am Hof der Dschou gewesen, habe dieses Amt aufgegeben und sei nach Westen gewandert. Ein Grenzbeamter erkannte in ihm den großen Weisen und bat ihn etwas Schriftliches zu hinterlassen. Dieses schriftliche Zeugnis war das *Tao Te King*.

Leibniz
Gottfried Wilhelm Leibniz wurde 1646 in Leipzig geboren und starb 1716 in Hannover. Er zählt zu den letzten Universalgenies. Leibniz beschäftigte sich mit den verschiedenen Naturwissenschaften seiner Zeit gleichermaßen wie mit der Philosophie und gilt als einer der Vorläufer der Aufklärung. Unter anderem versuchte er das Problem der Theodizee, der Frage, wie kann ein guter und gerechter Gott die Menschen leiden lassen, zu lösen. Dazu erklärte Leibniz, dass unsere Welt die beste aller möglichen Welten sei. Dass diese »Lösung« viele nicht befriedigte, zeigt die massive Kritik an seiner Aussage.

Marc Aurel
Marc Aurel, der Philosoph auf dem Kaiserthron, wurde 121 n. Chr. in Rom geboren undstarb 180 n. Chr. Er zählt zu den großen römischen Stoikern. Er hinterließ eine eigene philosophische Schrift, die sogenannten *Selbstbetrachtungen*, die sich bis heute großer Beliebtheit erfreut. Marc Aurel rät darin, das Schicksal und den eigenen Tod furchtlos zu betrachten und sich in das kosmische Gesamt einzufügen, da

niemand gegen die kosmische Allnatur, die alles regelt, agieren könne. Wichtig ist es, sich und sein Tun immer wieder einer kritischen Selbstreflexion zu unterziehen. In ethischer Hinsicht forderte er ein Leben in Bescheidenheit und Toleranz gegenüber anderen Menschen und ihren Unzulänglichkeiten.

Mengzi

Mengzi oder Mong Dsi, latinisiert Menzius, lebte zwischen 370 v. Chr. und 290 v. Chr. Er gilt als einer der wichtigsten Denker des Konfuzianismus. Er war davon überzeugt, dass der Mensch von Natur aus gut sei. Erst äußere Umstände und Erziehung führen dazu, dass Menschen sich zum Negativen verändern können. Eine der wichtigsten Tugenden ist für Mengzi das Mitleid, zu dem alle Menschen fähig sind.

Nietzsche

Friedrich Nietzsche wurde 1844 in Röchen in Sachsen in einem pietistischen Pfarrhaushalt geboren. Sein Vater verstarb sehr früh. Nietzsche, der klassische Philologie studierte, beschäftigte sich daneben intensiv mit Philosophie. Besonders Arthur Schopenhauer hatte es ihm angetan. Nietzsche setzte sich sehr kritisch mit der platonischen Philosophie und der jüdisch-christlichen Tradition, insbesondere deren Menschenbild auseinander. An Platon kritisierte er dessen absoluten Wahrheitsbegriff, womit er ein Vorbereiter der Moderne wurde. Dem Christentum warf er vor, es propagiere eine Sklavenmoral, welche die Starken und Autonomen in ihrem Wirken beschneide. Nietzsche stellte dem Sklaven seinen Übermenschen entgegen, der sich von allen normierten Moralvorstellungen befreit habe. 1889 erlitt er einen psychischen Zusammenbruch, infolge dessen sich sein geistiger Zustand immer mehr verschlimmerte. Nietzsche starb 1900 in geistiger Umnachtung.

Platon

Platon ist vermutlich der bekannteste Philosoph der griechischen Antike. Er wurde 428 v. Chr. in Athen geboren und verstarb dort 348 v. Chr. Er entstammte dem Athener Adel und schloss sich in jungen Jahren seinem Lehrer Sokrates an, dem er bis zu dessen Tod 399 v. Chr. treu folgte. Platon hinterließ ein umfangreiches Werk, das sich bis in unsere Zeit erhalten hat und in dem er die Lehre seines Lehrers aufschrieb. Es ist daher nicht immer leicht, zwischen Platons Ansicht und der seines Lehrers Sokrates zu unterscheiden. Der wichtigste Aspekt seiner Lehre war der, dass nur das Geistige vollkommen und ewig ist. Dieses Geistige nannte er das Gute, das Eine oder die Idee des Guten. Aufgabe des Menschen ist es, dieses Geistige zu erkennen. Dies gelingt ihm, indem er sich nicht an die unvollkommenen Sinnendinge dieser Welt verliert. Alles Sinnliche ist für Platon nur ein Abbild der geistigen Realität, weswegen auch nur die Welt des Geistigen Realität an sich beanspruchen kann.

Plutarch

Plutarch wurde um das Jahr 45 n. Chr. geboren und starb etwa 125 n. Chr. Er war weniger ein eigenständiger Philosoph, sondern vielmehr ein griechischer Schriftsteller. Ihm verdanken wir vieles an Wissen über die antiken Denker. Viele Jahre war er zudem als Priester am Apollotempel in Delphi tätig und leitete eine eigene Schule, in der er vor allem Platons Philosophie vermittelte, der er sich aufs engste verbunden fühlte. Neben Biografien berühmter Denker verfasste er viele Schriften zu ethischen Fragen.

Pythagoras

Pythagoras wurde um 570 v. Chr. auf der Insel Samos geboren und starb um das Jahr 500 v. Chr. in Metapont in Süditalien. Er war der erste abendländische Philosoph, der eine richtige philosophische Lebensgemeinschaft mit festen Regeln ins Leben rief. Das besondere an seiner Bewegung war, dass auch

Frauen Mitglieder werden konnten. Die sogenannte pythagoreische Kultgemeinschaft verpflichtete sich zur Befolgung von Schweigegeboten, einer vegetarischen Ernährungsweise und zur sittlichen Lebensführung. Die Pythagoreer glaubten an die Wiedergeburt. Pythagoras beschäftigte sich unter anderem mit Mathematik, Kosmologie und Musik. Er war davon überzeugt, dass der Kosmos ein harmonisch geordnetes Weltganzes sei, das sich dem Menschen erschließe, wenn er in der Mathematik oder Musik die diesen zugrundeliegenden harmonischen Strukturen erkenne.

Ryokan

Ryokan wurde 1758 in Japan geboren. Nach einer strengen Ausbildung im Zen-Kloster führte er ein Leben als Einsiedlermönch in den Bergen Japans. Weltweit berühmt wurde er mit seinen poetischen Weisheitstexten und seinen anekdotischen Geschichten. Seine exzentrische Lebensweise trug ihm den Mönchsnamen »Großer Narr« ein. Er starb 1831. Bis heute genießt er in Japan höchstes Ansehen als Dichter und Weiser.

Sartre

Jean-Paul Sartre wurde 1905 in Paris geboren, wo er 1980 starb. Er zählte zu den führenden Denkern des Existenzialismus. In zahlreichen Theaterstücken, Romanen und philosophischen Texten thematisierte er seine Gedanken über den Sinn des menschlichen Daseins. Berühmt ist sein Ausspruch, dass die Existenz dem Wesen vorausgeht. Das heißt, der Mensch wird ins Leben geworfen und muss sich aus Freiheit selbst gestalten, ohne dass ihm etwas vorgegeben wäre. Der Mensch ist für die Welt und für sich selbst verantwortlich. Von dieser Verantwortung kann ihn niemand entbinden. Für Sartre bedeutete diese Verantwortung zeit seines Lebens aktiv am politisch-gesellschaftlichen Leben teilzunehmen.

Schopenhauer

Arthur Schopenhauer wurde 1788 in Danzig geboren und starb 1860 in Frankfurt am Main. Berühmt wurde Schopenhauer mit seinen Aphorismen zur Lebensweisheit, in denen er seine philosophischen Gedanken über das Leben und die Welt zum Besten gab. Daneben verfasste er umfangreiche philosophische Werke. Schopenhauer, der stark von Kant geprägt war, vertrat die Ansicht, dass wir die Welt immer nur durch unsere eigene Wahrnehmung wahrnehmen können. Grundlage alles menschlichen Tuns ist der Wille.

Seneca

Der 1 n. Chr. geborene römische Philosoph Seneca gehört zu den wichtigsten Vertretern der römischen Stoa. Einige Jahre lang war er als Erzieher des Kaisers Nero tätig. Diese Beschäftigung führte letztlich auch zu seinem Tod. Seneca wurde der Teilnahme an einer Verschwörung gegen Nero bezichtigt und im Jahr 65 n. Chr. zum Tod durch Selbstmord verurteilt. In seinen Lehren ging es vor allem darum, wie der Mensch Seelenruhe erlangen könne. Diese Frage war für die gesamte Stoa von zentraler Bedeutung. In einer seiner Schriften beschäftigte er sich ausgiebig mit dem Thema der Muße, die für ihn wesenhaft zum guten Leben gehörte.

Sokrates

Sokrates wurde 470 v. Chr. in Athen geboren, wo er auch 399 v. Chr. wegen Asebie, der Leugnung der Götter, zum Tode verurteilt wurde. Welche Bedeutung Sokrates für die abendländische Philosophie hat, kann man daran ermessen, dass kurzerhand alle vor ihm lebenden Philosophen durch die Philosophiehistoriker zu Vorsokratikern erklärt wurden. Wie viele große Lehrer der Antike schrieb er nichts auf. Alles, was wir von ihm und seiner Lehre wissen, verdanken wir seinen Schülern, von denen Platon der berühmteste war. Sokrates verglich sein philosophisches Tun mit der Kunst einer Hebamme, dem Beruf seiner Mutter. So wie die Hebamme einer

Frau hilft, ihr Kind, das sich in ihr befindet, zu gebären, so versuchte Sokrates dem Menschen zu helfen, das in diesem innewohnende Wissen zu gebären. Sokrates wollte niemandem eine fixe Lehre verkaufen, sondern die Menschen durch Nachdenken dazu bringen, selbst die Lösung zu finden.

Stilpon

Über Stilpon von Megara wissen wir nicht allzu viel, da seine Schriften verlorenen gegangen sind. Einzelne Versatzstücke sind uns nur noch durch andere Philosophen und Geschichtsschreiber überliefert. Vermutlich starb er um das Jahr 280 v. Chr. Berühmt war er für seine Dialektik, die Kunst der logischen Argumentation, und für seine seelische Unerschütterlichkeit. Eine seiner Lehren lautete, der Mensch solle sich nicht von seinen Affekten und Trieben beherrschen lassen. Wer innerlich unabhängig ist, ist ein freier Mensch.

Thales

Thales von Milet wurde um das Jahr 624 v. Chr. geboren und starb um das Jahr 547 v. Chr. Er zählt zu den ionischen Naturphilosophen, die man nach der Region in Kleinasien, in der sie lebten, benannte. Wie bei vielen der frühen griechischen Philosophen kennen wir nur Versatzstücke seiner Lehre durch Aufzeichnungen anderer Denker. Er setzte sich intensiv mit der Erforschung der Natur auseinander. Für ihn war das Wasser der Ursprung und Urgrund des Kosmos, aus dem alles entstand. Angeblich war Thales auch ein guter Astronom, der eine Sonnenfinsternis berechnet haben soll.

Thomas von Aquin

Thomas von Aquin wurde 1225 in Süditalien geboren. Schon als Kind wurde er ins Benediktinerkloster Montecassino gegeben. Mit 19 Jahren trat er jedoch in den Dominikanerorden ein, dessen berühmtester Denker er werden sollte. Er beschäftigte sich intensiv mit der Philosophie des Aristoteles, den er mit der christlichen Theologie verband. Er lehrte u. a. an der

Pariser Universität. Thomas von Aquin hinterließ ein umfangreiches Werk und gilt bis heute als der bedeutendste christliche Scholastiker. Er starb 1274.

Thoreau

Der amerikanische Schriftsteller und Philosoph Henry David Thoreau wurde 1817 in Concord, Massachusetts, geboren, wo er 1862 an Tuberkulose starb. Er wurde stark von den reformatorischen Ideen des amerikanischen Philosophen und Schriftstellers Ralph Waldo Emerson beeinflusst. Als überzeugter Gegner der Sklaverei und des Kriegs weigerte sich Thoreau, Steuern zu bezahlen. Seine Schrift *Civil Disobedience* (ziviler Ungehorsam) wurde zur Inspirationsquelle für viele Menschen. Berühmt wurde er jedoch mit seinem Werk *Walden*, in dem er die zwei Jahre seines Rückzugs aus der Zivilisation an den Waldensee in Verbindung mit gesellschaftlichen und politischen Fragestellungen beschrieb.